El anillo es para siempre
Ángel Espinosa, LC

LA MANERA MÁS SENCILLA
DE ACERCARSE AL COMPROMISO
MATRIMONIAL, CON PROFUNDIDAD.

Hombre Nuevo
12036 East Ramona Blvd.
El Monte, CA 91732
www.hombrenuevo.net
(626) 444-4442

Diseño de portada e interior, Studio Lencioni. Edición y dirección editorial Por Escrito.

Publicado por Hombre Nuevo, Inc. 12036 East Ramona Blvd., El Monte, CA 91732© 2009, Hombre Nuevo, Inc. Todos los derechos reservados. Ninguna parte de este libro puede reproducirse, negociarse en sistema de readquisición o difundirse en cualquier forma o medio, electrónico o mecánico, fotocopiado en cualquier forma o método, sin el permiso escrito del propietario de los derechos de autor.

ISBN 13 978-1-935405-67-2

Impreso en los Estados Unidos de América
10 11 12 13 14 15 Bang 6 5 4 3 2 1

DEDICATORIA

Jorge y María Teresa,
estas páginas son sólo un vago reflejo
del cariño, del amor,
y de todo lo que recibí en casa.

ÍNDICE

Prólogo	ii
Introducción	iv
La aceptación	1
Las promesas	6
Entrega del anillo y su significado	16
Esta es la mano	18
Hechos a la medida, uno para el otro	20
Extraño al principio	22
Es real	25
El anillo brilla	28
Es de metal precioso	30
Material resistente	34
Un formato completamente cerrado	36
Los anillos son iguales	38
Aún así, son diversos	40
Tiene fecha	44
Ha sido hecho con detalle	47
Se va haciendo parte de ti	51
Es discreto	53
Ya no sale	56
El dedo se amolda al anillo	58
Puede perderse	61
Va desgastándose con el tiempo	64
Puede necesitar ajustes	67
Lo entregaste en presencia de Dios	71
Fue fundido	75
No tiene precio	79
Conclusión	82
Epílogo	84

Amar no es sólo un sentimiento, es un compromiso.
—*Anónimo*

PRÓLOGO

No habían pasado ni siquiera siete años desde el día de la boda, y aquel evento que debería estar permanentemente marcado en el calendario, ya había perdido su brillo y los esposos la ilusión. Ella vino a verme para pedirme ayuda:

—«Quiero separarme de mi marido».

Creo que pocas veces pueden escucharse palabras tan tristes como éstas y tan llenas de complicaciones, consecuencias, responsabilidades y remordimientos.

Le pregunté acerca de las causas. La hice volver al pasado. Ella hurgó en el inicio de su romance, y desde lo más íntimo de ella misma me explicó con pena, con miedo, excusándose:

—«No sabíamos exactamente a lo que íbamos. No nos conocimos bien. Yo jamás pensé... no puedo creer que tan rápido...».

La escuchaba atento, pero por otra parte en el fondo pensaba: «Son las mismas palabras —casi con los mismos gestos— que escucho de todas aquellas personas que por un motivo u otro fracasan en el amor». Y me preocupé más cuando después de haber consultado estadísticas, vi la línea creciente en la gráfica de los divorcios.

Todavía me sentí peor cuando pensé que muchos matrimonios no llegarán nunca a divorciarse, porque tienen un compromiso con los hijos, con la familia o con la sociedad. Otros no lo harán por estar en desacuerdo o porque quizá los ata algún compromiso de tipo económico, pero en realidad los corazones ya están divorciados, ya no laten juntos.

Hoy voy a celebrar un matrimonio, y mientras repaso el rito y trato de ordenar un par de ideas para la homilía, pienso en el anillo que se van a entregar y en las palabras que van a pronunciar, y me pregunto a mí mismo: ¿entenderán realmente lo que están haciendo? Si supieran a lo que se están comprometiendo... Si siquiera comprendieran lo que es estar verdaderamente enamorado.

Como consultor familiar veo las cosas desde fuera, y creo que desde esa atalaya se puede ser más objetivo en los juicios y en los consejos que uno ofrece. Por lo general, cuando una pareja atraviesa por un conflicto o simplemente, tienen diferencias en sus puntos de vista, en sus maneras de pensar, el hecho mismo de estar ellos en el ojo del huracán, les resta objetividad, ecuanimidad y la paz necesaria para actuar, solucionar, para optar por lo mejor.

Las páginas que ahora les ofrezco nacieron como conferencias, de grupos de diálogo y no son más que el resultado de la reflexión pausada sobre el rito del matrimonio, desde que se pronuncia la aceptación y se emiten las promesas, hasta la entrega del anillo y de la vida misma cuando los novios se dicen: «recibe este anillo en señal de mi amor y fidelidad a ti...».

Si quieres ser amado, ama.
—Séneca

INTRODUCCIÓN

No se trata de un curso ni de un tratado completo y orgánico acerca del matrimonio. Pretendo simplemente exponer con sencillez el contenido escondido en el símbolo de la entrega del anillo y en la pronunciación de unas palabras, que más que románticas son un auténtico compromiso.

Quiero que estos pensamientos te ayuden a descubrir lo grande que es estar enamorado. Y, como en este caso, es un enamorado quien escribe, no tengo miedo a equivocarme. Ojalá que estas líneas te ayuden también a hacer en tu interior una auténtica renovación de ese amor que prometiste al inicio. Desgraciadamente muchos van caminando por esta vida, tal vez con el amor ya desgastado...

Así es. La vida matrimonial parece estar poco cotizada. Nos expresamos mal de ella. La menospreciamos y la ridiculizamos. Asistimos a una cultura —o incultura— de infidelidad, divorcio, separación interior, escondida y arropada por una alegría exterior más liviana que una camisa de seda. Lo vemos por todas partes, en todos los países, en todas las culturas. Tan es así que se nos ha llegado a hacer algo normal: «si no se entienden, sepárense». «¿Para qué van a sufrir toda la vida?». «Incompatibilidad de caracteres»... Y me pregunto: ¿después de veinte años?

Quizás las novelas más vistas y leídas son las que presentan casos escandalosos de engaños, infidelidades y rupturas. Proliferan los programas de debates en público en donde personas no calificadas no autorizadas pregonan y defienden, probablemente no doctrinas, pero sí opiniones inconsistentes, contrarias al amor: al amor al cónyuge, a los hijos, y cómo no, también a uno mismo. Los que han fracasado en el amor lo saben bien: el primero que pierde es uno mismo.

Es verdad, por otra parte, que los medios informativos manipulan la verdad. Si se rompe un matrimonio nos enteramos todos. Frecuentemente se publican los chismes de la vida íntima de ciertas personalidades en el mundo del entretenimiento, del deporte, del espectáculo.

En cambio, lo grande, lo que debería publicarse en las primeras planas y lo que debería ser el argumento de las grandes producciones cinematográficas, es que todos los días, y en todo el mundo, cientos de miles de matrimonios luchan contra todas las adversidades pequeñas o grandes por mantenerse fieles al amor que un día se prometieron. Se esfuerzan, se conocen más, se estrechan...

Y esto parece no ser noticia aun cuando es lo grande, lo hermoso, lo que vale. Es lo que debería pregonarse. ¿Por qué no sale a la luz? ¿No será porque les falta a los matrimonios vivir con más gozo su amor? ¿Tal vez porque les falta entender lo que es el amor: la alegría del amor, la grandeza del dolor por el amor, la felicidad incluso en el sufrimiento, por amor?

Hombres y mujeres suelen preocuparse por el mundo que le van a dejar a sus hijos, y no se preocupan por los hijos que le van a dejar a este mundo, que puede ser mejor, o cada vez más desamorado. Sus hijos, por el testimonio que les están dando, en la manera de vivir la relación en pareja, ¿van a contribuir a un mundo más lleno de amor? ¿Serán capaces de creer en el amor, en el compromiso definitivo? ¿O se van a refugiar en el así llamado, «amor libre»? ¿O van a pertenecer a esa ingente masa de personas que tienen el corazón enmohecido, la felicidad agrietada, el alma rota, por no descubrir que el amor, si es tal, es un manantial de felicidad?

A manera de confesión, todo lo que puedo decir del matrimonio, de la armonía, del cariño, no es más que un vago reflejo de lo que viví en casa. Sí, hubo dificultades, grandes y pequeñas, normales, y precisamente porque las hubo, se daban también el cariño, la comprensión, el perdón, el respeto. ¡Hoy les estoy muy agradecido a mis padres! Todo esto me sugiere que sería interesante reflexionar en torno a las causas por la cuales los matrimonios van bien o a lo mejor a empujones. Y lo mejor será comenzar por recordar a qué se han comprometido. Compromiso, ¡qué palabra tan severa! Me asombro de la superficialidad con la que emitimos compromisos algunos de nosotros.

A veces uno se encuentra con personas que se prometieron fidelidad y respeto, que aceptaron ciertas condiciones, pero que con el tiempo han olvidado total o parcialmente esas promesas que están al inicio y que le dan sentido a la unión.

Cuando fui ordenado sacerdote, hace ya seis años y unos meses, durante la ceremonia me propuse olvidarme de todo lo que pasaba a mi alrededor: la gente, el coro y los cantos, los planes que tenía con mi familia para después de la ordenación, el abrazo con mi madre —llevaba algo más de un año sin verla— y en fin, todo esto se me agolpaba en la mente. Por tanto, decidí concentrarme al máximo en lo que estaba sucediendo, para captar cada palabra, cada gesto, cada oración por parte del obispo: la imposición de las manos, la oración consecratoria, la unción... en fin, para entender lo que estaba sucediendo y para que el compromiso que hacía con Dios y con la Iglesia fuera maduro y consciente, no irresponsable. ¡Estaba siendo ungido sacerdote! ¿Cómo era posible perder uno de los momentos —quizá el más grande— de mi vida?

Cuando asistimos a una boda, ¿qué es lo que vemos? Mucha gente, demasiados adornos, gran expectativa. Y con frecuencia los novios están más preocupados por salir bien en las fotografías y en el video, que en tomar conciencia de lo que están haciendo. Ni siquiera en el momento de hacerse las promesas y de entregarse los anillos. Desaprovechan la grandeza del momento presente, más preocupados por congelarla en una fotografía, a la que después ni siquiera recurrirán con la ilusión con la que se acercaron al altar.

Después de la boda les espera un baile, la tornaboda, una maravillosa luna de miel. Los preparativos para este día posiblemente comenzados desde un año antes, han previsto que no falte nada: el templo, el sacerdote, un buen coro, las invitaciones perfectamente rotuladas, el salón con la pista para el baile y un buen conjunto, y desde luego, el mejor de los menús. Incluso buscamos un anillo que nos guste. Pero desgraciadamente, aún habiendo hecho algún tipo de preparación para el matrimonio, no todos llegan al día de la boda con la plena conciencia de lo que van a hacer, y algunos lo dejan ver al cabo de pocos meses o algunos años.

Los preparativos no llevan mucho tiempo, la luna de miel va a durar entre quince y veinte días, el momento mismo del compromiso tampoco tiene una duración digna de mención. El rito del matrimonio incluida la santa misa, ocupa, si acaso, algo más de una hora. Y en cambio, el sacramento, el matrimonio, el anillo... SON PARA SIEMPRE.

El corazón tiene razones que la razón no conoce.
—*Pascal*

La aceptación

¡Cuántas cosas dijimos resumidas en una fórmula tan breve: te acepto a ti!

Decir te acepto a ti, es decir: te conozco, sé quién eres. Conozco tus cualidades y tus defectos. Sé quién eres. Llevo un tiempo contigo, y después de aquilatar todo en la balanza, he decidido que a pesar de tus defectos, más pequeños que tus cualidades, te elijo entre otras posibilidades.

Decir te acepto a ti, es decir, sé quién no eres. Por tanto no tendré pretensiones. No me pasaré la vida con una queja entre los labios por lo que no eres: «si tuvieras lo que tiene tu hermano», «si fueras como la mayoría de nuestros amigos...».

Te acepto a ti, como eres. Estoy enamorado de ti. Sé en qué te puedo ayudar a superarte y a mejorar, y sé en qué aspectos será ya muy difícil que cambies porque son hábitos que se han hecho vida, o porque es parte de tu educación o porque así es tu carácter.

Aceptarte a ti es aceptar tu historia personal, es decir, tu pasado, tu presente y tu futuro. Lo que pueda venir. Tantas cosas como en nuestra vida pueda cambiar.

Cambia la gente y cambian las circunstancias. Hoy eres esta persona. Mañana, tú misma, por los golpes de la vida, puedes ser otra persona. Los golpes van haciendo mella en nosotros, pero cuando nos aceptamos, lo hacemos, incluso con esos golpes y heridas de la vida que por otra parte nos deben hacer mejores.

Cambiamos físicamente. Ya no es el muchacho fuerte y robusto que conociste, sino un hombre posiblemente enfermizo. Y ella, que era una mujer guapa, fina, delicada... después de veinte años de matrimonio, cuatro hijos y algunas enfermedades normales que han ido raspando su belleza inicial, ya no conserva aquellos rasgos, quizá, de los que te enamoraste, pero se ha abierto paso una nueva belleza, más grande, que tú aceptaste desde que te comprometiste.

Así se aceptaron: con pasado, presente y futuro. Cambian tantas cosas y surge una belleza mayor que es necesario saber percibir.

Pensemos que cuando compramos una mesa de cristal, la aceptamos así como está, nueva e impecable, pero aceptamos también que pueda rayarse en el futuro. No podríamos comprar nada si estuviéramos buscando un material a prueba de todo, simplemente porque no existe.

A veces los novios se fijan demasiado en los ojos, el pelo, la cintura, la firmeza de la piel, la sonrisa, el cuerpo en sí. Claro que es necesario e indispensable, pero no lo más importante. Conozco a un hombre que se casó con una muchacha que cantaba precioso. Hoy por hoy ella no debería cantar ni en la regadera. Pero él, además de la voz, tuvo muchos motivos más profundos que lo enamoraron de ella.

Cambiamos no sólo física sino también psicológicamente; cambia nuestro carácter, nuestra manera de reaccionar, nuestra paciencia. Si al pasar de los años hemos ido perdiendo algunas cualidades que antes nos adornaban: simpatía, optimismo, ecuanimidad... no es motivo para terminar un amor. El amor va más a allá.

Cambian nuestros gustos, nuestras aficiones, nuestras ilusiones, nuestras aptitudes. Sería de desear que en toda la vida no experimentáramos cambio alguno en nosotros, pero esto, simplemente no es la realidad.

«Te acepto a ti», es hacerme a la mar contigo, en la misma barca. Remar contigo, ser náufrago contigo si fuera el caso, no escapar con un salvavidas, ¡ni menos con el salvavidas! Es compartir ilusiones, proyectos, luchar contra las mismas tempestades y disfrutar juntos el alba y el atardecer, mar adentro.

Te acepto a ti, para hacerte feliz. Te prometo que ése será mi proyecto. Yo siempre hago una pregunta a quienes vienen a tratar conmigo sus problemas matrimoniales:

—«¿Para qué te casaste? ¿Qué le dijiste a tu novia para que también te aceptara?»

EL ANILLO ES PARA SIEMPRE

A lo que no todos responden:

—«Quiero hacerte feliz. Creo que puedo hacerlo y por eso te pido que vengas a compartir tu vida conmigo. Acepto que juntos seamos nuestra mutua alegría».

Incluso muchas veces he pensado que decir te quiero, es decir, «quiero hacerte feliz».

Tratemos de reducir el «te quiero» a su más simple expresión, y nos daremos cuenta de que en el fondo sólo nos queda esto: «quiero hacerte feliz». Ahí está el verdadero amor.

Cuántos novios se dicen «te quiero», «te amo», y se expresan muchos sentimientos más. Y, ¿qué significa todo eso? Palabras vacías cuando no buscas el bien y la plena felicidad del otro. ¡Cuántos jóvenes y muchachas se casaron pensando no en hacer feliz a alguien, sino en quién los haría felices! Y por tanto entran al matrimonio con una visión egoísta de la felicidad. La experiencia nos dice que cuando de verdad se busca la felicidad del otro, la consecuencia —no forzosamente inmediata— es la propia felicidad.

Además, la persona amada buscará lo mismo, de tal modo que el amor y la búsqueda de la felicidad del otro serán recíprocos.

«Te acepto a ti para que nos ayudemos a salvarnos. Mi mayor felicidad será saber que no sólo te ayudé a vivir esta vida feliz, sino que colaboré con Dios para que alcanzaras la única, auténtica y duradera felicidad».

¿Qué amor sería ese que viviera sólo por unos años? Imaginemos que contamos con toda la capacidad para hacer feliz a nuestro cónyuge: compañía, cariño, viajes, diversiones, dinero... pero sólo por unos años, mientras dura esta vida. Qué importa si son treinta, cuarenta o sesenta años. Lo mejor que puedo hacer por la persona a la que amo, lo más grande que le debo ofrecer, mi mayor acto de verdadero amor, es pensar en una felicidad que no se acaba cuando escasea o se termina el dinero, la salud, o incluso la vida. Si decimos amar, hagamos lo humanamente posible por asegurar la eternidad, la felicidad plena y eterna de la persona a la que amamos.

*Al amor, como a una cerámica, cuando se rompe,
aunque se reconstruya, se le notan las cicatrices.*
—Proverbio griego

Las promesas

¿Qué fue lo que prometimos?

«Prometo serte fiel». Lo importante es saber traducir ese «prometo serte fiel». No nos referíamos solamente a la fidelidad en cuanto a que nunca comenzaríamos una relación sentimental, seria o superficial con otra persona, por un momento o para toda la vida. Significa muchísimo más que eso.

Prometo llevar bien puesta la camiseta del equipo, tirar en la misma dirección y defender nuestra portería. Lo nuestro. A veces me he topado con un hombre o una mujer, que sólo viendo cómo se comporta con la persona a quien dice que ama, me dan ganas de preguntarle: ¿tú, para dónde tiras?

Si los dos tuvieran puesta la camiseta del mismo color y «se pasaran el balón», meterían goles, alcanzarían metas, jugarían en equipo y así harían la vida más simple y tendrían la felicidad más a la mano.

Pero uno parece ser delantero de un equipo y el otro defensa del contrario: se estorban en las jugadas, se cometen frecuentes faltas, se ignoran. Algunos parecen estar buscando la tarjeta roja ¡después de haber visto no una, sino mil veces la amarilla!

Esto no debe suceder en el matrimonio. «Amarse no es mirarse uno al otro, sino mirar en la misma dirección». Tirar en la misma dirección. Amarse es tener una meta común y unos mismos ideales, y eso debe reflejarse en los acontecimientos de la vida diaria. Amarse es mirarse uno al otro con comprensión, respeto y con capacidad incluso de diferir.

«Prometo no bajarme del burro». Te explico de qué se trata: en mis años de estudiante, paseaba en una ocasión por un pueblo de Santander, en el norte de España, y me encontré a un pastor con quien entablé una conversación debajo de un cobertizo, pues llovía a cántaros. La recuerdo como una charla muy interesante. En un determinado momento le pregunté cuántos años tenía de casado, a lo que respondió:

—«¿Cómo ve, padre? Tenemos treinta años de casados y no nos hemos bajado del burro».

La expresión realmente me encantó. Si él hubiese dicho, «no nos hemos bajado del tren... o del caballo», hubiese sido diverso. El caballo sugiere libertad, velocidad, crines al viento... En cambio dijo: «no nos hemos bajado del burro».

En el burro, como en el matrimonio, a veces se va hacia adelante, a veces hacia atrás, a veces rebuznando... a veces el animal, me refiero al burro, —como que no se mueve—. Así es en el matrimonio. A veces para atrás, a veces para adelante, a veces rebuznando... pero siempre los dos en el burro. ¿Qué importa por dónde y cuánto haya costado mientras hayan ido juntos, en la misma dirección, apoyándose, acompañándose, amándose?

«Prometo buscar tu realización, tu felicidad». Si prometiste serle fiel, te comprometiste a buscar su felicidad, ya que la fidelidad no puede reducirse a no fallarle en el sentido de nunca enamorarte de otra persona. Eso es más que nada una obligación, un requisito y algo que deberían dar por supuesto.

«Prometo serte fiel», es llenar las expectativas que tenían el uno sobre el otro cuando eran novios. «Desde que nos vimos y pensamos en unirnos para toda la vida, pensamos que juntos seríamos felices y desparramaríamos esa felicidad en nuestros hijos. Si queremos sernos fieles, hemos de hacer realidad ese sueño que tuvimos desde el inicio».

No voy a olvidar jamás esa escena de la película *Los puentes del Condado de Madison*, protagonizada por Cleant Eastwood, en la que ya casi al final de la vida, el marido, muriendo en la cama, llama a su esposa y le dice más o menos lo siguiente:

—«Fanny, yo sé que tenías tus propios sueños e ilusiones en la vida, perdóname por no haberlos hecho realidad».

La mujer simplemente lo besó en la frente e hizo un gesto de resignación.

Es tan fácil hacer felices a los demás cuando uno se lo propone, que sinceramente, para no lograrlo, se necesita ser de verdad egoísta.

Cuando prometieron ser fieles, entre otras cosas, prometieron buscar con tesón la felicidad del otro, pues la fidelidad no es sólo cuidar que no haya engaños, sino que apunta a todo un proyecto de vida. De hecho, y aunque no es el ideal, hay matrimonios en los que, uno de los dos, por descuido, ha caído en una infidelidad. Pero como siempre ha buscado hacer feliz al cónyuge, este error —por más grave que sea— no es más que una mancha en una pared llena de luz. Desde luego que no es el caso de la persona descuidada, sensual, irresponsable, que frecuenta ambientes inconvenientes y que trata con personas del sexo opuesto sin ningún pudor y sin respeto. En una persona así, la caída siempre será inminente e injustificada. El derrumbe comenzó desde que se descuidó en su conducta ordinaria. El resultado es lógico.

«Prometo serte fiel», es también cuidar el corazón. No permitir que nada, ni nadie les robe la paz inicial. Prometieron luchar especialmente cuando les vinieran a la cabeza «ideas rubias». La fidelidad no es no meterse con otra persona, sino sobre todo cuidar el corazón. Hay mucha gente que quizá jamás concretará una infidelidad conyugal, sin embargo vive en una continua deslealtad al no cuidar el corazón de cualquier amor que no sea su único y verdadero amor.

«Prometo serte fiel», es decir, también, «prometo hablar bien de ti». «Lo que tenga que decirte, te lo diré a ti, para ayudarte, con amor y por amor. No se lo diré a mi mamá ni a mis hijos, menos a mis amigas en un desayuno. Prometo hacer crecer tu fama dentro de lo más íntimo que tenemos que son nuestros hijos, padres, hermanos y también, nuestros amigos. «Me esforzaré para que ellos siempre tengan una buena imagen de ti. Sólo escucharán cosas positivas acerca de quién y cómo eres tú. Estarán orgullosos de nosotros».

Finalmente «prometo serte fiel», ahora sí, significa «que no te cambiaré por nadie. No te quiero para un amor intermitente u ocasional, ni como un amor de paso».

Estas promesas que hicieron, además tienen dos especificaciones que deben considerar como muy importantes y darles su sentido propio, porque de verdad, parece que no todos las han entendido. Cuando se da una infidelidad en el matrimonio por parte de quien sea, y el cónyuge decide que «esto es lo único que no está dispuesto a perdonar», y que «ahora sí se acabó todo», es simplemente porque no ha entendido qué fue lo que prometió. ¿Cuáles son esas dos especificaciones?

EN LO PRÓSPERO Y EN LO ADVERSO

Hay quienes creen que lo próspero es tener dinero mientras lo adverso se identifica con todo tipo de carencias económicas.

Muchas parejas tienen los recursos necesarios para vivir felices y sin embargo no alcanzan la felicidad porque ésta se compone de muchos otros factores que no han logrado completar. No todo es dinero.

Lo próspero es efectivamente cuando todo va bien. Como se suele decir: «viento en popa». Hay algo de dinero, tienen su propia casa, no hay grandes intromisiones de la suegra, siguen teniendo más o menos las mismas aficiones y casi idénticos gustos, no se han desgastado con el tiempo, hay armonía, diálogo, intimidad... ¡Ah, lo próspero! ¿Por qué no todo en la vida es crecer? ¿Por qué no todo en este mundo camina hacia adelante sin más complicaciones?

La respuesta es muy sencilla: los problemas y las dificultades existen desde que aparecieron hombre y mujer sobre la tierra, y esta vida simplemente no sería la misma si quisiéramos quitarle esta contrapartida de la dificultad. Además no siempre está en nuestras manos evitar algunas dificultades que se van suscitando en el camino, pues muchas de ellas nos las imponen la sociedad, la cultura, el entorno en el que nos movemos... Pero es interesante que sepan partir de este presupuesto cuando piensan ya en el matrimonio y cuando están por emitir estas promesas que los comprometen para siempre.

Cabe añadir que en el matrimonio, los problemas son una oportunidad maravillosa de crecimiento. Este debe ser un camino de crecimiento, y para eso necesitan aprovechar todas las oportunidades.

En el matrimonio, lo adverso puede ser: dificultades en el campo económico, la pérdida del trabajo o el fracaso económico, la intromisión indeseada de algún familiar en el propio hogar, la llegada temprana de los niños, la enfermedad de uno de ellos que acusa gravedad... Y, ¿por qué no? el hecho mismo de que el amor que sentían el uno por el otro ya no sea como era en el noviazgo, o al inicio del matrimonio.

EN LA SALUD Y EN LA ENFERMEDAD

«Prometo que en la salud, te aplaudiré, te proyectaré, te acompañaré y apostaré por ti. No estaré celoso de tus triunfos, ni permitiré que me afecte el que tú seas más que yo a los ojos de los demás».

En la enfermedad, prometes que estarás a su lado. Pero cuando prometiste esto, no te referías a enfermedades que se arreglan con un suero ni aun con una enfermera de cabecera. Te referías a enfermedades más profundas, más complicadas, con alcances más intensos, como el alcoholismo, el desánimo, la pérdida del sentido de esta vida o enfermedades «del corazón» o del carácter.

Tú un día puedes llegar a dejar de amarlo (la) y es entonces cuando debes demostrarle que prometiste serle fiel. Es precisamente en estos momentos de enfermedad —«del corazón»— cuando puedes probar tu fidelidad. Qué fácil era cuando todo marchaba bien, cuando parecían competir en el darse cariño.

La fidelidad se demuestra en la prueba y en el dolor, y quizá no haya prueba más grande para una persona que ama de verdad, que el sentir que no es correspondida y que no es amada con la misma intensidad. Ante un problema de esta naturaleza, se puede reaccionar de dos maneras: pagar con la misma moneda, que no sería ni amor ni fidelidad, o luchar con todo el corazón por recuperar ese amor que se está apagando o se ve casi perdido.

La fidelidad sólo acepta este segundo tipo de actitud. «Si te pierdo, te reconquistaré, ése será mi programa».

«Si la enfermedad es grave y llego incluso a perderte definitivamente, seguiré siendo tuyo, y tú seguirás siendo parte de mi proyecto de vida». El hecho de que uno de los dos haya fallado, no implica que el otro deba fallar también. «Lucharé por reconquistarte», como se ve en algunas películas o novelas, sólo que aquí es de verdad: no hay actores ni música de fondo ni paisajes bonitos... sino sacrificio, humillación y mucho valor para reconquistar el amor que una vez iluminó la vida y del que surgió la familia que ya existe.

Recuerdo a ese general francés, que después de la segunda guerra mundial fue requerido en el partido comunista. Con el aumento de sueldo y por participar de tantos beneficios que le ofrecieron, abandonó a su mujer de treinta y siete años, con siete hijos, y se marchó de la casa.

Lógicamente, pronto encontró a otra y así continuaron sus vidas por separado. Pasaron veinte años y dicho partido nunca terminó de consolidarse bien, hasta que finalmente se disolvió. Muchos que habían gozado de los beneficios de la organización, pronto se vieron en la calle, sin dinero, sin familia y sin amantes, que son las primeras en irse cuando falta todo lo demás. Cansado, solo, ya acabado, vuelve un día a su casa, toca la puerta y le abre su mujer. Una esposa también cansada, que había sacado adelante a todos sus hijos, sola. Una madre heroica.

— «Quiero hablar contigo», le dice.
—«Pasa», abre la puerta y dibuja en el aire con su mano el ademán de «adelante».

Pero él se da cuenta de que está la mesa puesta con dos

lugares, y titubeando le dice:

—«Perdona, no quiero importunar, ¿estás esperando a alguien?».

—«Sí, responde segura y sin dejar de mirarlo a los ojos, desde hace veinte años todos los días la mesa ha estado puesta para dos, porque te sigo esperando».

Lo más probable es que los sentimientos de esta mujer no fuesen tan favorables. Podemos incluso imaginar que ella hubiese querido golpearlo o que debió azotarle la puerta al instante sin permitirle no sólo entrar a la casa, sino tampoco entrar a un hogar que comenzaron los dos pero que sólo ella de verdad construyó. Este relato no tendría ningún valor si no fuera histórico.

Lo que lo hace grande es precisamente que sucedió. Es una mujer que sacó adelante sola a siete hijos y que se sobrepuso al orgullo y a un explicable rencor. Una de esas personas que tienen muy claro que el matrimonio es para siempre. Ella quizás pensaba: «él me dejó, pero yo no lo puedo dejar, porque Dios me lo dio, y por él tengo que responder».

Ella sabía lo que era un compromiso con Dios, con un hombre y con unos hijos.

En una ocasión, una señora me vino a ver:

—«Padre, mi único pecado es que odio a mi marido.

Yo pensé: «pequeño detalle».

— Me dejó hace cinco años. Ni quiero, ni puedo verlo».

Comprendí que la dificultad era muy grande y le ofrecí una solución más para ella misma que para su matrimonio:

— «Señora, lo que usted necesita es un cambio de mentalidad. Renueve el compromiso que hizo hace treinta años: rece por él, de vez en cuando escríbale, preocúpese en la medida de sus posibilidades por él, aunque ya nunca puedan volver a reunirse. Usted será más feliz amando con un amor realmente heroico, que dando rienda suelta a odios estériles. El amor siempre nos deja algo, nos lleva a algo, produce algo. Del odio sólo germinan rencores, soberbia, impaciencias, insatisfacciones y un sin número de frustraciones, pues nuestro corazón fue hecho para amar. Ir en contra del amor es luchar contra nosotros mismos».

Desgraciadamente muchos matrimonios se romperán porque nunca se entendió que la fidelidad que se prometieron al inicio, debería ser, como los mejores relojes, «a toda prueba». Así es, a prueba de todo, incluidas la peor enfermedad, la más crisis más grande y el más injusto adulterio.

Nada hay difícil para quien ama.
—*Cicerón*

Entrega del anillo y su significado

La persona necesita ver signos y de hecho existen en todos los sacramentos: palabras, gestos, elementos. Incluso Dios pidió al pueblo de Israel que construyera un templo como un signo de su presencia. Cristo quiso quedarse en la Eucaristía para hacerse más asequible, tangible, presente. En el Bautismo se derrama agua sobre nuestra cabeza como signo y señal de purificación. En la Confirmación somos ungidos con óleo. En el sacramento del orden sacerdotal, el obispo impone las manos a quien va a ser ordenado, como un signo y una señal de la venida del Espíritu Santo sobre él o ella.

La gente, para alimentar el recuerdo y mantener el amor más fresco, recurre a las fotografías, que son una representación, una imagen de las personas a las que se ama.

Antes de que existiera la fotografía, desde tiempos inmemorables, pintores y escultores grabaron en piedra, papel o madera, el recuerdo de lo que amaban. Siempre hemos necesitado contar con estas ayudas que nos recuerdan a quienes queremos.

Ahora bien, en el matrimonio, como parte del rito, sin ser siquiera lo esencial, pues este lugar lo ocupa el consentimiento de los cónyuges, los nuevos esposos se ponen mutuamente un anillo, mientras se dicen: «recibe este anillo como signo de mi amor y fidelidad».

Cuando leí esto por primera vez me pregunté: ¿cómo puede un objeto tan pequeño —el anillo— significar algo tan grande: amor y fidelidad?

Y fue así como decidí que sería interesante tratar de encontrar aquellos elementos que hacen que el anillo sea un digno representante del amor y de la fidelidad que sienten el uno por el otro en el matrimonio.

Tú me haces querer ser un hombre mejor.
—*Anónimo*

Esta es la mano

Esta es la mano que recibe tu anillo. Habrá a lo largo de tu vida otras más tiernas, más bondadosas, más acariciadoras... pero esta es la mano que hoy alarga un dedo para que tú le pongas la alianza. Es como un símbolo y una señal de que habrá a lo largo de tu vida otras personas —sin duda, mejores y en muchos sentidos—, pero que nunca serán ellas las poseedoras del anillo que tú escogiste, compraste y entregaste con tanta seguridad y cariño.

Hablando a los jóvenes les decía: «Hay mujeres guapísimas, muy simpáticas y con muchas virtudes, pero no se dejen engañar, son como una flor: es hermosa mientras está ahí plantada, sembrada en donde debe estar. Respétala y seguirá siendo hermosa. En el momento en que la arrancas y la quieres egoístamente para ti, tomando algo que no te pertenece, no puede durar más de un par de días y se marchita».

Las mujeres también pueden encontrar en su vida hombres interesantes, inteligentes, bien parecidos... no los podemos comparar con una flor, e igualmente deben respetarlos.

Son interesantes ahí donde están. Déjenlos. Si los arrancan para ustedes siendo que no les pertenecen, les ofrecerían también al cabo de pocos días el espectáculo triste de la planta seca, marchita y estéril.

*Amar es abdicar de uno mismo,
hacer ausencia de sí y presencia del otro.*
—P. Charbonneau

Hechos a la medida, uno para el otro

Los anillos están hechos a la medida. No fueron comprados en mayoreo ni al azar. Fueron hechos a la medida. Esto es como un símbolo y una señal de que desde el momento en que te casaste por la Iglesia y Dios aprobó y bendijo la unión con este hombre, con esta mujer concreta, está dándote a entender que están hechos a la medida, el uno para el otro.

Dios los ha bendecido, los ha recibido en su casa y delante de Él han hecho el compromiso. Con su presencia, con su gracia, por medio de un sacramento, que ha implicado además de un buen noviazgo, toda una preparación para asumir el compromiso, les está confirmando este hecho de ser uno para el otro.

Si se suele decir que no hay nada mejor que lo hecho a la medida, sea una sala, un cuadro o la ropa, qué decir de la persona que va a compartir contigo toda la vida y va a formar contigo un hogar y una familia.

Qué gran certeza para los contrayentes, haber vivido un noviazgo sincero, haberse preparado a conciencia en el amor y presentarse ahora ante Dios para que Él ratifique la vocación de ambos a formar una matrimonio, y tomando sus sentimientos de sinceridad y de amor, les diga a través del sacerdote: «Lo que Dios acaba de unir, no lo separe el hombre».

> *Si no tengo amor, nada soy.*
> *El amor se alegra con la verdad.*
> *Todo lo excusa. Todo lo cree.*
> *Todo lo espera. Todo lo soporta.*
> *El amor no acaba nunca.*
> *—1 Corintios 13:2, 6–8*

Extraño al principio

Como todo lo que es nuevo, les puede resultar un poco extraño y quizá hasta incómodo al inicio. Es normal. Ayer no lo tenías y hoy sí. Lo sientes raro. Quizás hasta te molesta el roce del metal entre los dedos. Esto es como un símbolo y una señal de lo que puede pasar en la primavera de la vida marital.

Ya no eres sólo tú y tu vida. Son dos, y cada uno con sus peculiaridades. Resulta que no sabías que tu novio roncaba y te enteras hasta ahora que es tu esposo. Algunas niñas al casarse parece que cambiaron el osito de peluche por un osito de verdad. Conozco un caso en donde es al revés, es él quien parece haberse casado con una osita.

Mencionemos diversos aspectos: gustos, aficiones, preferencias, particularidades... El testimonio de una señora te ayudará a entender mejor lo que puede ocurrir cuando se empieza:

—«Mi cruz en los primeros años de casada es que mi marido todos los días desayuna hojuelas de maíz».

—«¿Y eso qué? ¿Cuál es el problema?», pregunté, pues también los tomo y no veo la dificultad».

—«Es que mi marido los toma sin leche. ¿Se imagina lo que significa tener que escuchar todos los días cómo crujen en su boca? Yo le digo: gordo, ¿no le puedes poner leche, chocolate, agua, lo que quieras, o por lo menos un silenciador?».

Además me decía que si ella se levantaba, el marido le pedía tiernamente que volviese a sentarse con él para acompañarlo.

No cabe duda de que en todos los matrimonios al inicio debe darse toda una fase de adaptación. Y este período debe estar dominado por la generosidad de ambos. La clave será saber ceder. La madurez les hará entender que si es verdad que hay cosas que pueden molestar, no es más que por ser situaciones nuevas. También los zapatos nuevos nos sacan cayos, y no por eso los tiramos, sino más bien nos acostumbramos. Nuestra piel forma un cayo como un mecanismo de defensa.

Hoy se rompen muchos matrimonios a escasos dos años de haber zarpado y destruyen así familia, sueños, proyectos. ¡Y pensar que con un poco de esfuerzo podrían haber vencido las pruebas iniciales!

Estos percances pueden oscilar desde minucias y pequeñeces como la de las hojuelas de maíz o los ajustes de orden en la recámara y en el baño, hasta los problemas más serios de adaptación, de convivencia diaria e ininterrumpida, y sobre todo, de la manera de pensar, tantas veces divergente entre los nuevos cónyuges.

Cuando existe un mínimo de formación humana y cuando hay buena voluntad, todo puede superarse.

*Para ser amado es necesario ser amable,
hacerse amable, volverse continuamente amable.*
—P. *Charbonneau*

Es real

En otras culturas y religiones, el rito matrimonial tiene también su simbología. La pareja se acerca lentamente a un río al cual arroja una flor y juntos contemplan cómo se va alejando. En algunos ritos tribales el simbolismo lo da el fuego: ante una enorme hoguera se prometen a veces en silencio el amor. Otros sueltan palomas al viento, esas aves que siempre han personificado la paz.

Los aztecas celebraban el rito del matrimonio en su casa. Las mujeres de la familia hacían un nudo entrelazando las vestimentas de los novios. A partir de ese momento eran marido y mujer, y su primer acto como tales, era compartir un plato de tamales, dándoselos el uno al otro con su propia mano.

Después, todos los mayores de edad bebían abundantemente (esta última parte del rito todavía se conserva en nuestras bodas, y para muchos es la más importante).

Incluso, y aunque no sea precisamente un rito, en diversos pueblos de México el muchacho simplemente se roba a la muchacha, y posiblemente la boda tendrá lugar después de siete u ocho años, cuando ya haya tres o cuatro niños adornando la familia.

En el matrimonio por la Iglesia Católica el símbolo es real. Está ahí, en sus manos, para siempre. Ni vuela ni se aleja ni se lo comen. Lo llevan consigo como un símbolo y una señal de que su matrimonio es tan real como el anillo que llevan puesto. No lo han arrojado al aire, ni lo han quemado, ni lo vieron alejarse románticamente en un río. Ahí está, recordándoles que están casados. No es una ilusión. «Mi realidad es ésta: estoy casado(a)».

Desgraciadamente algunas personas viven como si no estuvieran casadas. Como que no lo han aceptado.

Por eso cuando se les presenta o «les sale» un viaje de negocios, les pasan por la cabeza ciertos proyectos indignos de todo hombre o mujer, más de un hombre o una mujer casada. Incluso las llaman «movidas». Últimamente esto pasa hasta en despedidas de solteros y a veces de solteras.

Cuando veas tu anillo y sientas en tu mano lo real que es, piensa que no es más que un reflejo de la realidad de tu matrimonio, y que ésa exige mucha coherencia.

Tu realidad es esta mujer, este hombre, estos hijos. No hay de otra. Todo lo demás no sería más que sueños, o mejor dicho, pesadillas. Y no olvides que muchas de éstas comenzaron siendo sueños muy bonitos, pero a lo largo de la noche y sin que pudieras ni controlarlo ni evitarlo, se convirtieron en pesadillas.

Muchos quieren mantener ciertas fiestas, diversiones, horarios de cuando eran adolescentes. Incluso «ciertos amigos». No pocos, por la manera en que ven y tratan a su secretaria, dan la impresión de que no se han dado cuenta de que están casados. Igualmente algunas mujeres hoy en día visten como si no estuvieran comprometidas o casadas.

Por tanto, acepta tu realidad, que es tan contundente como tu anillo. Estás casado, casada. Y si pones de tu parte, lo estarás muy felizmente.

*Es mejor encender una vela,
que maldecir las tinieblas.*
—Confucio

El anillo brilla

Esta característica es importantísima. Tu anillo brilla. Y ese destello tiene que ser para ti como un símbolo y una señal del orgullo que debes sentir, de amar de verdad a alguien y con todo el corazón. El amor se proyecta, se nos sale por los ojos, así como la desdicha nos los ensombrece y a veces humedece. Hay tantos matrimonios radiantes, como lúgubres.

El que ama, no posee nada, es un poseído. El que ama le pertenece a alguien. ¿No te sientes orgulloso de vivir planeando y buscando la felicidad del otro? ¡Por supuesto que es para sentir un sano orgullo! A mí, de hecho, me llena vivir para los demás.

A ti te debe realizar el vivir para tu esposo o tu esposa, y para toda una familia. Orgullo de vivir queriendo hacerlos felices. Satisfacción de vivir para alguien, buscando su felicidad.

Y produce un sano orgullo porque hoy no es difícil encontrarse con personas que le han perdido el sentido a la vida y la verdad no es algo tan difícil de encontrar. El sentido de la vida es amar a Dios y a los demás, y dejarse amar por ellos.

Como un joven se muestra complacido por haber obtenido el título de su carrera. Como una muchacha presume de haber conseguido un trabajo... cuánto más debemos sentirnos orgullosos de amar, con un amor que es compromiso, protección, fortaleza, seguridad para los nuestros, además de tantos y riquísimos sentimientos y emociones.

Tristemente algunas gentes pregonan más de lo que ganan, del lugar donde viven, la ropa que usan o lo que hacen... sin tener en cuenta que todo eso es pasajero, y se les escapa el único gran motivo de orgullo que hay en realidad: «amo a alguien, soy su sostén, en mí confía y se apoya, le doy un sentido a su vida, y a la mía».

*El verdadero amor, el amor ideal,
el amor del alma, es el que sólo desea la
felicidad de la persona amada,
sin exigirle en pago nuestra felicidad.*
—Anónimo

Es de metal precioso

Los anillos suelen ser de oro o plata, ambos metales preciosos. Esto no es más que el símbolo y la señal de lo precioso que es tu matrimonio. Muchos hombres y mujeres no caen en la cuenta de que el matrimonio es la empresa de su vida. Es importante hacer dinero, ser útil a la sociedad, destacar en algún deporte, componer un grupo de amigos. Pero el matrimonio, sin duda alguna, es la empresa de tu vida. Fracasar en esto es como perderlo todo. Es la empresa de tu vida, y te lo recuerda tu esposo(a), y te lo gritan tus hijos cuando reclaman tu cariño.

Quizá especialmente los hombres corren el peligro de vivir un noviazgo lleno de detalles, de insistente presencia, de continua conquista, precisamente porque están tratando de agradar a quien va a ser su compañera para toda la vida. Sin embargo nos encontramos con un fenómeno tan curioso como triste.

Una vez conquistada la mujer, transcurridos los primeros años del matrimonio y pasadas las ilusiones iniciales, el hombre se refugia en su trabajo o en la televisión y sin darse cuenta las va convirtiendo en el centro de su vida, sin percatarse de lo que está en juego.

¡Cuántas mujeres tristes, desilusionadas, que parecen caminar solas! Eso sí, el marido está muy ocupado buscando los medios para llenar la vida de toda la familia. ¿Pero, llenarla? ¿De qué? ¿De amor, de compañía, de cariño... o de cosas? ¿Has conocido alguna vez a una esposa triste? Quizás a muchas. Pero, ¿conoces la triste historia de la esposa de un marido modelo? No recuerdo dónde la escuché hace mucho tiempo. Déjame que te la describa:

«Ya lo decían de él antes de la boda: su esposa nunca pasará hambre. Es trabajador, inteligente, emprendedor. Tiene una empresa propia que ha ido creciendo. Y un negocio que marcha exige trabajo y vigilancia, y por eso él tiene siempre la cabeza llena de inquietudes y proyectos.

Cuando viene a cenar está ausente, pero si sale a la conversación la más pequeña alusión a algo que le pueda recordar el trabajo, se queda entonces en ella y no acaba. Está tan ocupado y preocupado, que su mujer no se atreve a decirle nada de sus pequeñas preocupaciones: que si el pequeño tosió, que si el mayor trae malas calificaciones, que si las amigas están organizando un día de paseo juntas... Estas cosas, o lo ponen nervioso, o ella corre el peligro de que él no le haga caso.

Tampoco a preguntarle su parecer sobre la cena del día siguiente con aquellos amigos que están de paso. Quisiera saber qué piensa del vestido que se acaba de comprar, o del regalo de cumpleaños de uno de los niños. Pero él está muy por encima de estas tonterías. Además ella ya sabe que tiene toda su confianza. Su única distracción es ir los domingos a ver un partido de fútbol. A ella en cambio ni el mejor partido del campeonato le atrae. Así que se queda en casa. A veces le gustaría salir con él a cenar o ir al teatro, pero cuando él llega por la noche es para trabajar todavía más. Ya lo decía él: «mi mujer nunca pasará hambre». Pero él no piensa que a su mujer le haría falta un poco de distracción. Se queda en casa sola durante el día y moralmente sola cuando está con él.

Si a él le dijesen que no es un buen esposo, se pondría rojo de indignación, «a mi mujer no le falta nada, tiene dinero a su disposición y no le pido cuentas de nada». Ella puede marcharse quince días o tres semanas de vacaciones cuando quiera, claro con los niños. Él entre tanto trabaja para la familia. La mayoría de sus compañeros tiene una «amiga», él no. Él es un esposo fiel. Él tiene sus preocupaciones de hombre, ella tiene las suyas de mujer. Cada uno tiene las propias: él ve los negocios, ella se ocupa de la casa.

Ella es, por tanto, la mujer solitaria de un marido ejemplar. Un velo de tristeza ha caído sobre esta mujer. A veces, cuando está sola, ha llegado a llorar. Sus amigas le dicen: «tú sí que has tenido suerte». Y ella piensa para sus adentros: «¡Vaya suerte! La suerte de ser la triste esposa, de un marido modelo».

Tu matrimonio es tan precioso como el metal con que ha sido hecho el anillo que traes en el dedo. Y por eso exige no sólo los mismos sino superiores cuidados y atenciones.

Recuerdo cuando una señora me dijo, muy seria:

— «Estoy segura de que mi marido nunca ha estado con otra mujer, pero tampoco ha estado conmigo».

Una mujer, en el fondo, lo único que pide es cariño. Lo que hay que hacer es dárselo. Ellas viven de mimo, y éste se traduce como compañía, diálogo, contacto físico.

A este propósito, cuentan que una señora le hizo ver a su marido:

—«Oye, gordo, el vecino todos los días besa a su mujer. ¿No te gustaría a ti hacer lo mismo?».

A lo que respondió el hombre:

—«¿De verdad no te importaría si todos los días besara a la vecina?».

Si una mujer lo único que necesita es cariño, a un hombre, lo que le gusta es que lo atiendan. A veces es más fácil dedicarse a los hijos o a otros miembros cercanos de la familia. Algunas se desviven atendiendo a las cuñadas, a la suegra, a los sobrinitos, y descuidan el cariño y la atención a quien más lo necesita y solicita aunque sea calladamente.

Es una locura amar, a menos que se ame con locura.
—Proverbio latino

Material resistente

El anillo es resistente. Está hecho con metal duro. Símbolo y señal del material con que debe moldearse el matrimonio.

Es frecuente encontrarse con gente que dice: «No pude más» —aseguran— «era humanamente imposible».

En el fondo quizá lo que ocurrió es que estamos acostumbrados a muchas telenovelas o historias de amor en donde todo sale bien o por lo menos como nos gusta, y todo es bonito. En el matrimonio no sucede esto. La vida es difícil. Los años pasan. Las personas cambian. El tiempo va cobrando su tributo de desgaste. Si el matrimonio no es tan duro, tan firme como el anillo que llevas puesto, bastará el más mínimo pretexto para que todo —una familia, años de amor, de entrega y también de lucha, estabilidad de los hijos—, se venga abajo.

Nuestros más grandes edificios, bellamente decorados y recubiertos de tantos elementos frágiles, en el interior de sus paredes, de sus techos y de sus columnas, esconden toneladas de metal, de concreto, de estructuras pesadísimas que aseguran la incolumidad de los mismos. De manera semejante ocurre en el matrimonio. Lo que vemos son sonrisas, besos y caricias, detalles, palabras, compañía, alegrías compartidas. Pero esto no es más que la decoración de un amor férreo, convencido, que va por dentro.

De nada les servirá en el futuro escudarse en su sicología, su debilidad, su edad y en los muchos sufrimientos. Cuando un matrimonio fracasa, lo que faltó fue solidez, convicción, dureza, concreto y hormigón. La falta de amor, en el sentido estricto de la palabra, fue haciendo cada vez más débil el vínculo.

¡En qué peligro se encuentran esos novios que se preocupan más por el recubrimiento del edificio que por su constitución! Está contemplado dónde van a vivir, cuánto van a gastar, a dónde van a viajar y cómo se van a divertir. Si la novia tiene una bonita sonrisa y si al novio tiene un buen negocio. Tan es así que parecen el matrimonio ideal. Sin embargo, bastará el más mínimo temblor para que se resquebraje el matrimonio y después se desplome, cuando todo estaba en muy buena apariencia.

Amor. Eso es lo que se necesita. Pero un amor como el que describe San Pablo —sin límites— en su primera carta a los Corintios 13:4-8:

«El amor es paciente, es servicial; el amor no es envidioso, no es jactancioso, no se engríe; es decoroso; no busca su interés; no se irrita; no toma en cuenta el mal; no se alegra de la injusticia; se alegra con la verdad. Todo lo excusa. Todo lo cree. Todo lo espera. Todo lo soporta. El amor no acaba nunca».

*Todos quieren amar, pero casi nadie
está dispuesto a pagar el precio.*
—Anónimo

Un formato completamente cerrado

Me encontré con una niña muy simpática que me mostró orgullosa el anillo que le regalaron de cumpleaños. ¡Qué curioso! ¡Era un espiral! A decir verdad, no recuerdo haber visto antes un anillo como ése. Un formato no cerrado, sino en espiral. Por tanto tenía dos puntas. Dos terminaciones que no se encontraban nunca.

Esto no sucede con los anillos que se entregaron marido y mujer el día de la boda. Éstos sí están cerrados. Perfectas circunferencias. Como un símbolo y una señal de que no hay «salidas alternas» ni otras posibilidades. Una sola carne, un sólo corazón, un sólo proyecto. Es un vínculo tan hermético que lo que le afecta a uno, repercute en el otro.

Lo que hace sufrir a él, también inquieta a ella y viceversa. Hombre y mujer son como un anillo. Son una sola cosa, una circunferencia que no se sabe dónde comienza ni dónde acaba. No se sabe ya dónde termina uno y comienza el otro.

Qué pena que muchas parejas no comprendan la profundidad con la que deben amarse. Se quedan a veces en relaciones puramente epidérmicas. No se llega a una fusión real de corazones. No se pierde el uno en el otro sacrificando los propios gustos ni la manera de ver las cosas. Y así, se juntan vidas, cuerpos, economías... no corazones ni auténticos proyectos.

Perderse en el otro es buscar con auténtica primariedad, «a bote pronto», la paz, la seguridad, el bienestar, la felicidad de aquél (aquella) a quien se ama. Es conocerse de tal manera que por lo general se sabe lo que el otro quiere. Y es desde luego, pasar de este conocimiento de lo que desea el otro, a la práctica buscando realizarlo.

Fundirse con la persona amada es «meterse en sus zapatos». Sufrir y sobre todo gozar con él o ella. Tomar sus cosas como propias e interesarse por ellas. Desde lo más complicado, hasta las decisiones del hogar, pasando por la más pequeña nimiedad.

Es conocer meticulosamente el corazón de la persona amada, de modo que siempre haya disposición a amar como la persona amada quiere ser amada.

Por no profundizar en este conocimiento o por no querer sacrificarse uno mismo, miles de personas creerán amar a su cónyuge, cuando en realidad no lo hacen porque lo hacen como quieren. De esta manera es imposible llenar el corazón del ser amado.

*En el sótano del corazón,
todos tenemos la tendencia,
la necesidad de amar.*

—Anónimo

Los anillos son iguales

Dos anillos iguales. Son un par. ¡Qué mal se verían diversos! Uno dorado y otro plateado. Uno con las iniciales y el otro sin ellas. ¿Te imaginas uno liso y el otro amartillado? ¡No! Deben ser iguales.

Karol Wojtyla, quien posteriormente fue Juan Pablo II, hacia el año de 1960 escribió un libro muy interesante en torno al matrimonio. En él cuenta cómo una pareja de casados la estaba pasando muy mal, y en un determinado momento a la chica se le ocurre ir a vender su anillo a un orfebre, pues le parecía que todo estaba perdido. El texto dice, en boca de la chica:

«El orfebre examinó el anillo, lo sopesó sobre los dedos detenidamente y me miró a los ojos. Por un instante leyó dentro del anillo la fecha de nuestro matrimonio. Volvió a mirarme, colocó el anillo sobre su balanza y me dijo»:

«Este anillo no tiene peso, la balanza indica siempre cero y no puedo obtener un miligramo. Ciertamente su marido vive, un anillo separado del otro no tiene peso alguno, pesan solamente los dos juntos. Mi balanza de orfebre tiene la peculiaridad de no pesar el metal, pesa toda la vida, y todo el destino del hombre». Confusa y llena de vergüenza tomé el anillo y sin decir palabra salí del taller.

Un anillo solo no tiene peso. Una persona separada de su cónyuge, no pesa nada. Te lo recuerdan los anillos, que son dos y son iguales.

«No tienen peso». Me lo decía un muchacho de diecisiete años cuyo padre recientemente los había dejado:

—«Quiero a mí papá, por eso, porque es mi padre. No puedo dejar de quererlo pero ya no es mi modelo en la vida. Perdió peso. Me da pena. Al dejar de ser coherente, cuando dejó de cumplir su compromiso más importante excusándose en el cansancio, en los años, en los demás, culpando incluso a mi mamá... perdió peso. Ya no es para mí lo que era. Separado de mamá y de nosotros, ya no es el mismo. Quiere divertirse, quiere ser normal y dice que tiene derecho a una segunda oportunidad. Pero él mismo sabe que tomó una decisión superficial. Quizá él esté contento ahora, pero lo está a costa de mi mamá y de nosotros cuatro».

Esto es incluso de lógica. Pasa más o menos lo mismo con los zapatos: vienen por pares. Un sólo zapato no sirve para nada. Hay cosas en esta vida que simplemente no pueden separarse: zapatos, mancuernas, guantes, aretes, anillos... Hombre y mujer, en el matrimonio, son una de esas «cosas», que no deben romperse ni separarse, pues son un par.

Lo que es tuyo es mío, y lo que es mío es tuyo.
—*Platón*

Aún así, son diversos

Acabamos de decir que son iguales, un par. Pero, si te fijas bien, al mismo, tiempo son un poco diversos. Al menos, uno es más grande que el otro. Y con el paso del tiempo, surgen más diferencias debido a la limpieza que reciban, al buen o mal trato que se les dé, en fin. Siendo iguales, uno está más rayado u opaco que el otro. Y esto es como un símbolo y una señal de que debemos ser idénticos en la diversidad y siendo diversos tender a la identidad.

¡Qué auténticos esos matrimonios que buscan acoplarse, embonar! Parejas en las cuales, por decir algo, a él le encanta jugar tenis, ella jamás ha visto una raqueta —ni en un aparador—, y sin embargo se pone a practicar para divertirse con él.

O al otro que no le gustaba la televisión, y hace un esfuerzo para ver con ella ese programa cultural que tanto le atrae.

Uno preferirá unas vacaciones en la montaña mientras el otro en la playa, pero han sabido combinar de tal manera que se dan gusto mutuamente, y quien los viera, pensaría: «mira cómo se divierten haciendo las cosas que les gustan a los dos».

Recuerdo que hablando con un hombre apenas pasado de cincuenta años, me contaba escenas de las películas que había visto últimamente, y de verdad era sorprendente que hubiese visto tantas, y que las comentase tan bien. De pronto, interrumpiéndolo, la pregunta se me disparó:

—«Se ve que le gusta mucho el cine, ¿verdad?»
—«Me encanta. Y pensar que antes de casarme casi no iba», responde encogiendo los hombros.
—«Y entonces, ¿por qué ahora tanta afición?», insistí.
—«Todo fue por no pelear con Liz. Al inicio iba casi a empujones. Después también a mí me gustó. Y ahora prácticamente no hay fin de semana que no vayamos a ver algo. Y cuando no podemos salir porque alguno está cansado, alquilamos una película y la vemos en casa con unos sándwiches que ella prepara como nadie».

Si hoy tuviera que darte un consejo muy breve, sería este. NO DISCUTAS. Mejor construye. No me refiero a las discusiones buenas e incluso necesarias antes de tomar ciertas decisiones. Me refiero a la continua discusión por el afán de discutir.

A la discusión acalorada que tantas veces termina en riña estéril. Estas discusiones producen roces que van desgastando la armonía conyugal. Tender a la identidad mediante un continuo ceder por amor, lubrica y engrasa esas partes del corazón que de lo contrario comenzarían a rechinar.

Un cuadro, al que le tengo un cariño especial, adorna uno de los salones que hay en mi oficina. Es una fotografía de cinco patos que van nadando, al alba, entre los juncos, muy juntitos, con el sol apenas despertando y asomándose al fondo. Un texto de H. Eduard Manning —letras negras, para resaltar entre los tonos rojizos, amarillos y naranjas—, reza así: «No te preguntes si eres feliz, pregúntate si son felices los que viven contigo».

Si tan sólo supiéramos pensar en los demás antes que en nosotros mismos, no pasaríamos la vida discutiendo inútilmente. No discutas. No te preguntes si eres feliz, mejor pregúntate continuamente, con seriedad, si estás haciendo felices a los que viven contigo. Pregúntate si te estás haciendo al otro, si tiendes a él o si «prefieres» que se haga a tu modo de ser.

Esto te ayudará incluso para mantenerte más joven.

Dicen que se encontraron dos amigos y uno de ellos, viendo lo bien conservado que se encontraba el otro, le preguntó:
— «¿Cómo le haces para mantenerte tan joven?».
— «Simplemente no discuto con nadie», respondió sin mayor complicación.

Y el primero volvió a la carga, incrédulo.

— «¡Eso no es cierto!».
— «Tienes razón, no es cierto», respondió nuevamente sin complicaciones.

¿Qué necesidad tenemos de discutir? No discutamos. Tendamos a la identidad. Qué grande es el hombre que está pensando en lo que quiere su mujer y viceversa. Recuerdo haber visto una escena preciosa en una ocasión que me invitaron a comer: Llegué quizá un poco adelantado y resulta que no se encontraba aún la señora que me invitó, pero en cambio ya estaban ahí su marido y sus dos hijas, gemelas, de ocho años.

Al poco rato aparece la mamá y con una gran sorpresa para las niñas: les compró un vestido a cada una. Delante de mí se armó la fiesta al sacar uno y presumirlo, y en seguida el otro. Pero uno de ellos, verde, era notablemente más bonito que el otro, amarillo, que en realidad no era tan atractivo. A la pregunta, «¿cuál prefiere cada una?», inmediatamente una de ellas se adelantó:

— «El amarillo», gritó. Y así, la mamá le entregó un vestido a cada una. Antes de despedirme hablé un momento con la niña que había elegido el amarillo, y con una mezcla de curiosidad y de preocupación —llegué a pensar que era daltónica—, le pregunté por qué se había inclinado por el amarillo, que para mi gusto no era el mejor. Todavía recuerdo su respuesta y creo que nunca la voy a olvidar:
—«A las dos nos gustó el verde, pero prefiero que lo use mejor mi hermana, y por eso escogí el amarillo, porque yo ya no quiero pelear».

¡Es para hacerle un monumento a esta niña! Sólo contaba ocho años. Me pregunto: ¿qué tanto intuyes lo que quiere tu mujer, o lo que quiere tu marido? ¿Estás dispuesto a sacrificar el vestido verde escogiendo el amarillo? ¿Amas lo suficiente como para comenzar a intuir de ahora en adelante?

No dejes crecer la hierba en el camino del amor.
—*Platón*

Tiene fecha

Efectivamente, el anillo tiene una fecha. ¡Algunos quisieran que fuera de caducidad, como las medicinas! Sin embargo no es así. Es una fecha que indica simplemente el día en que todo terminó y a la vez, todo comenzó.

¿Qué es lo que termina? Tu vida pasada, tu relación, por decirlo así, tan estrecha, con tus papás: antes dormías, desayunabas, comías, cenabas en tu casa y ahora ya no se puede. Concluye tu vida bohemia: antes te la pasabas todos los viernes y sábados con amigos y amigas subiendo y bajando. En una palabra, divirtiéndote... Esa vida se acabó. Antes se podía hacer porque eras soltero (a), pero ahora ya no. ¡Abajo el telón! ¡Segunda parte!

De hecho cuentan que un hombre llegó una noche a su casa, y mientras subía la escalera al segundo piso, gritaba como retando:
— «¡Son las cuatro de la mañana! ¿Y qué?», y siguió subiendo un par de escalones.
— «¡Vengo borracho! ¿Y qué?», continuó subiendo.
— «¡Estuve con mis amigotes!, ¿Y qué?», tres escalones más.

—«¡Y con mis amigotas!, ¿Y qué?».

Finalmente abre la puerta de su cuarto y limpiándose el sudor de la frente, dice:

—«¡Soy soltero!, ¿y qué?».

Así es. Todo acabó. ¿No existen las despedidas de soltero o soltera? Precisamente para decirle adiós a un ritmo de vida que no va con el matrimonio. ¡Qué lástima que estas famosas despedidas sean todo, menos un sano adiós a la vida soltera!

Ahora bien, todo terminó, pero también algo comienza. Inicia tu dedicación delicada a tu esposo (a). Empieza la exclusividad. En una familia, todos tienen su lugar. ¡Qué bonitas esas familias que se reúnen para celebrar la Navidad todos juntos! Igualmente los cumpleaños, el año nuevo, etc. Pero tu esposa es tu esposa, tu esposo es tu esposo. Qué bueno que haya una relación preciosa con los papás, con la familia entera, o con un grupo de amigos. Pero tu esposo es tu esposo, tu esposa es tu esposa. Es genial viajar juntos, tres o cuatro parejas, pero tu esposa es tu esposa, tu esposo es tu esposo, y debe tener no un lugar, sino su lugar.

¿Sabes por qué muchos matrimonios se rompen? Por la influencia o la intromisión de unos y de otros desde fuera. Incluso por eso alguien decía:

«Juntos, hasta que la suegra nos separe». Lo decimos de broma, pero la verdad, cuántos matrimonios rotos por no saber decir: «Mamá, lo que tú quieras, pero él es mi esposo». «Papá, como tú digas, te acompaño, estoy contigo... pero ahora, me necesita mi esposa».

Eso es lo que comienza en esta fecha. Creo que a todos nos encanta lo exclusivo: ropa, perfumes, clubes deportivos. Si hay un ámbito en la vida, en el que se debe dar esta exclusividad, esta prioridad, es el del matrimonio.

Si quieres alcanzar lo más alto, empieza por lo más bajo.
—*Syrus*

Ha sido hecho con detalle

Si te detienes unos instantes ante los escaparates de una joyería, te asombrarás al ver la variedad de anillos que hay. Unos más llamativos que otros. Estos más bonitos. Aquellos más resistentes. Más baratos y más caros. Pero todos tienen una característica: han sido hechos con detalle: unos tienen unas franjitas, otros llevan unas acanaladuras, en otros está escrito tu nombre con gran cuidado y con la letra que escogiste. Los que están enfrente resaltan la fecha como en relieve, en los de atrás en cambio, aparece como hundida... pero siempre con detalle.

Los más finos ostentan más quilates que los que no lo son tanto, pero, repito, todos hechos con verdadero afán, cuidado y profesionalidad. La verdad, cualidades que pueden hacer que tu matrimonio sea un paraíso. Todo esto está hecho así, como un símbolo y una señal de que el matrimonio debe estar hecho también lleno de detalles. Debe haber cariño. Deben abundar cuidados. Deben excederse en palabras, gestos, atenciones, caricias.

Qué bonitos esos matrimonios en donde existe la broma, las sonrisas, los juegos, ¿por qué no? el codazo, pellizcos, empujones (no desde el segundo piso) en fin, toda esta relación de sencillez, de espontaneidad, de cordialidad y de confianza a la vez respetuosa e ilimitada.

Recuerdo con especial cariño algo que ocurría frecuentemente en mi casa: teníamos una mesa redonda a la que nos sentábamos a comer juntos mi mamá y los seis hijos. De pronto llegaba mi papá, y comenzando por el más grande, pasaba dándonos un coscorrón. Pero lo más divertido era ver la cara que ponían los que estaban enfrente, porque mi papá exageraba los gestos, como si el coscorrón que le fuera a dar al de enfrente causara algún dolor.

Esto provocaba que la niña de seis años, justo enfrente, entre muecas y aspavientos exclamara: «¡huy!», y la verdad, nada más era un toquecito. Y así con cada uno hasta que llegaba a mi mamá, quien se merecía no un coscorrón sino un beso. Y se lo daba. Era todo un rito. Cariño, detalles, delicadezas.

Todavía más, una señora me contó algo que me hizo mucha gracia:
—«Mi marido es lindísimo».
—¿Por qué?», le pregunté.
—«Me deja recaditos», explicó emocionada.
—¿Es decir?
—«Mire, a veces me levanto y me encuentro un recado en la televisión que dice: «Vieja, busca la siguiente pista en el armario». Y ahí voy al armario, lo abro y me encuentro un papel que dice: «no es aquí, está en el bolsillo del pantalón», corro al pantalón: «te equivocaste, está debajo de la silla». ¡A buscar la silla!... Finalmente lo encuentro pegado con «cinta adhesiva». Lo despego y leo: «baja a

la cocina, no seas impaciente». Me desplazo a la cocina como niña en un rally, y así, después de traerme por toda la casa como loca, encuentro ya el tesoro: un papelito feo y mal cortado que dice: «te quiero».

¿Qué esperabas? ¿Un cheque? ¿El dinero del gasto? ¿Un regalito para gustitos personales? Simplemente una nota que dice: «Te quiero». Pero fíjate qué interesante: es un detalle precioso de cariño.

¿Qué decir de aquellos que en el noviazgo le escribían una poesía a la novia, y que al llegar al matrimonio, ¡se les jubiló la musa! Ni un «te quiero» saben decir. Escríbele hombre. Aunque la copies. ¿Por qué no? Todos tenemos algo de poetas dentro. Nada más no te vaya a ocurrir lo que a ese señor que el día que cumplía veinte años de casado, ve desde la cama, periódico en mano, salir a su esposa del baño, indignada:

—«Mira qué descaro. Un tal Pablo Neruda acaba de publicar las poesías que tú me escribías cuando éramos novios».

Ciertamente la psicología femenina tiene más marcada esta auténtica riqueza de demostrar el amor a base de muchos detalles. Pero no es exclusiva de este sexo. Hombre y mujer deben contar con esta cualidad o adquirirla, formarla y proyectarla. De otra manera sucederá lo que me comentaba una señora:

—«Padre, desde que me casé, entré al club de las traidoras».
—«¡Cómo que de las traidoras!», le pregunto.

—«Sí, padre, desde que me casé: tráeme un café, tráeme la medicina, tráeme la bata...».

No cabe duda de que es necesaria la reciprocidad en los detalles. Si es sólo uno de ellos quien dice: «tráeme un café, pásame la bata, dame un masaje...», esto puede aguantar y durar pero sólo por un tiempo. Cuando los favores, las atenciones y los cuidados no son de «ida y vuelta», lo va resintiendo la relación.

*La amistad, como la sombra vespertina,
se ensancha en el ocaso de la vida.*
—Jean La Fontaine

Se va haciendo parte de ti

El anillo poco a poco se va haciendo parte de ti. Llega un momento en que ni lo sientes. Pero, ¿te acuerdas que al inicio era incómodo? Símbolo y señal de que tu marido, tu mujer, debe llegar a ser parte de ti. Debe llegar a ser tu vida. «Una sola carne».

Hay señores a los que no les pasa por la cabeza un viaje sin la esposa. Es más, se pierden en el aeropuerto si no están con ella. No saben hacer nada. No logran preparar a tiempo y bien una maleta. Hay señoras que no pueden estar solas en la casa un par de noches. Que no sienten seguridad mas que cuando están los dos.

Qué interesante llegar a esta situación, (siempre y cuando no se exagere y se caiga en una dependencia esclavizante o pueril). Se trata de una dependencia del corazón.

Sin embargo, al inicio, ¿te acuerdas cuando todo era remar, remar, y seguir remando, muchas veces contra corriente?

José José, famoso artista mexicano, cantaba una canción que decía: «Te quiero así, tú conmigo, yo para ti... amar por amar, más que amar es ya navegar...».

Interesante. «Más que amar es ya navegar». Se puede llegar a amar tanto, que ya más que tener que ejercer, por decirlo así, el amor, se convierta ya en un simple navegar. Cuando ya no te cuestionas los actos de amor, de servicio, de atención. Cuando no titubeas en perdonar.

Cuando el amor, en una palabra, «ya no cuesta». Cuando no calculas tu entrega, Cuando no «lo piensas dos veces». Cuando a quien amas, se va haciendo parte de ti.

Pero no siempre fue así. Al inicio, mientras tuvieron que romper la barrera de las olas, había que remar muy fuerte, sin descanso. Una vez que se ha superado esta barrera de agua, ahora sí, la pareja puede subir las velas y ya, más que remar, más que amar, será navegar, disfrutar, dejarse llevar, gracias al esfuerzo inicial.

El amor ya no será más un sacrificio sino un placer. Ahora sí, que los lleven los vientos. Ya son el uno para el otro.

*Nota importante especialmente para las mujeres: antes de subir las velas y guardar los remos, comprueben que el marido todavía esté dentro de la barca. No les vaya a pasar que, ya con las velas hinchadas, volteen hacia atrás buscando al «gordo» y se den cuenta de que no está ahí, sino que se quedó jugando voleibol en la playa.

Amar es vivir para la persona amada... pertenecerle.
—*Anónimo*

Es discreto

El anillo es discreto. No es un cinturón ni un collar, ni un «hula hop». Es tan pequeño que pasaría desapercibido si no lo mostráramos a la gente. Es también un símbolo y una señal de lo discreto, callado y humilde que se debe ser en el matrimonio. Es como un signo del respeto que deben tenerse entre ambos.

Qué pena dan esos matrimonios en los que, sea él, sea ella, es igual, uno de los dos es dominante. Donde se imponen gustos y preferencias, donde siempre se hace lo que uno de ellos dice. En donde ya ni siquiera se pregunta o se propone, sino simplemente se ordena:

—«La Navidad la vamos a pasar con mis papás, ¿verdad»?, y no se te ocurra desdecir la orden.

En una ocasión se hizo el siguiente experimento en un auditorio en el que se encontraban quinientos matrimonios:

—«Por favor, todos los señores que se sientan dominados por su mujer, pásense para allá», y señalaron la parte derecha del auditorio.

EL ANILLO ES PARA SIEMPRE

Para sorpresa del orador, se pasaron todos los señores, menos uno, a quien acto seguido le preguntaron:

—«¿Usted no se siente dominado por su mujer?»
—«No, responde tímidamente. Lo que pasa es que me dijo: pobre de ti si te mueves de aquí».

Y qué tal ese señor, más bien chiquito, flaquito, «poca cosa», que le tenía hasta miedo a su mujer, y entonces un buen día se inscribe en una escuela de karate. Pasados unos siete u ocho meses —ya todo un «cinta amarilla»—, llega una noche a casa muy decidido, después de tantas humillaciones, entra a la cocina y se encuentra a su mujer haciendo unas quesadillas, y le grita, dando un golpe en la mesa:

—«¡Yaaah!».
La esposa se voltea, lo ve y le dice, con voz fuerte y tono amenazador:
—«¿Ya qué?».
Y el marido, encogiendo los hombros, apenas murmura:
—«Ya llegué».

Muchos matrimonios padecen este dominio por parte de uno de los dos cónyuges. Esta actitud va desgastando la relación porque origina miedos, desconfianzas, inseguridades. Además, soportar a una persona dominante puede ser llevadero durante un tiempo. Pero, ¿se puede estar toda la vida sometido (a), a una persona que no escucha, que no dialoga, que no cede, que se altera por cualquier motivo, que extrapola las diferencias y opta por la violencia o el silencio, que es sin duda más violento que cualquier otro «castigo»?

Qué difícil ser feliz con una persona dominante. En todo momento se tendrá la duda de si uno será acogido o rechazado. Habrá que pensar mil veces antes de dar una opinión o sugerir una iniciativa. Se reprimen mil deseos por sencillos que estos sean. Y desde luego, siempre se está acariciando la posibilidad de estar con otras personas más sencillas, más tiernas, más comprensivas y que nos acepten sin pretender imponerse.

Este espíritu dominante también tiene consecuencias de cara a los hijos. Lógico. Cuando tienen que escoger marido o mujer, se topan con un dilema: «éste no, porque tiene un carácter fuertísimo», «este sí porque se va a dejar dominar». Desgraciadamente tienen el mal testimonio, el patrón del padre o de la madre. Por tanto, no solamente el problema es tu relación con tu cónyuge. Piensa también lo que estás sembrando en tus hijos.

*Ya no son dos, sino una sola carne.
Lo que Dios ha unido, no lo separe el hombre.*
—*Mateo 19:6*

Ya no sale

Llega un momento en que el anillo ya no sale. Símbolo y señal de la fidelidad que es para siempre. Algunos no se lo pueden sacar ni con jabón. Ya está ahí puesto. No sale. Esta fidelidad, este compromiso debe ser triple: con Dios, con el cónyuge y con los hijos.

Fidelidad con Dios: te comprometiste delante de Dios. Es un sacramento. No es una simple unión ni un mero papelito. No se trata de amor libre. En el así llamado «amor libre», si desistes, quedas mal con una persona, a la que en un momento determinado dejas de querer, «la mandas a volar» y no pasa nada. Esto no es el matrimonio. Aquí te comprometiste con una mujer, pero ante Dios y por lo tanto, con Él. (Mateo 5:32; Mateo 19:1).

En segundo lugar, fidelidad con tu esposa: no se trata de que hayan logrado ponerse de acuerdo y «no pasó nada», y cada uno por su lado y todo por la paz. No te engañes. Un divorcio es un fracaso terrible en el amor y deja unas secuelas tremendas: alguno de los dos puede quedar destrozado sentimental y emocionalmente, con toda una vida truncada. Muy probablemente los dos.

Ciertamente, tanto él como ella tardarán en rehacer su vida y cargarán con una serie de consecuencias que no es difícil imaginar y que no me detengo a describir porque las conocemos. Es falso aquello del común acuerdo. Puede ser que sea ya tanto el egoísmo, el malestar, el hastío, que efectivamente sea mejor una separación. Pero una separación a la que nunca se debió llegar y que en la inmensa mayoría de los casos tenía un remedio al inicio del problema.

En tercer lugar, fidelidad con los hijos: aquellos que no cuentan con unos padres unidos, jamás serán unos niños, adolescentes, jóvenes normales. ¿Qué significa fidelidad a tus hijos? Que tienes que ver también por ellos. Por lo general, cuando falta uno de los dos papás, cuando los hijos van descubriendo la ausencia de uno de ellos, por más que queramos justificarla, se crea un vacío en la familia que no se llena con nada.

Ese anillo ya no debe salir. Algunos se escudan: «es que es dificilísimo cómo te presenta la Iglesia el matrimonio». No es dificilísimo. Tú escogiste al compañero (a) de toda tu vida. Debiste ser muy responsable en el noviazgo. Te inclinaste por sus facciones, su carácter, sus virtudes y también sus defectos. Tú tomaste la decisión. Eras tú quien conocía los sentimientos, las aptitudes, los valores de los que estaba pertrechada la persona a la que amas.

Dios sólo quiere lo mejor para ti, y por eso hizo el matrimonio indisoluble. Lo único que hace difícil tu compromiso es el desamor, el egoísmo o el haber tomado decisiones a la ligera e irresponsablemente sobre el (la) compañero (a) de tu vida.

No hay caminos para el amor. El amor es el camino.
—*Anónimo*

El dedo se amolda al anillo

El dedo se amolda al anillo y no éste al dedo. El anillo es de metal, por tanto al ponértelo tu dedo se amolda, «se hace» al anillo. Lógicamente el metal, como es duro, no puede hacerse a la forma del dedo, sino como dijimos, al revés.

¡Cuánta gente realmente no se ha hecho al matrimonio y más bien quiere hacer el matrimonio según su muy particular forma de ver y pensar! A veces quisieran un matrimonio según expectativas, conveniencias y necesidades personalísimas. Un esquema que en realidad no existe.

Algunos ni siquiera entran en el esquema más básico de lo que es un matrimonio. Ni siquiera en el formato convencional.

Siguen con su vida de antes y quieren, por una parte, disfrutar de los bienes del matrimonio, y por otra, vivir como si no hubiese un compromiso (como la ridícula propuesta del amor libre).

No se acuerdan de sus promesas, ni de la exclusividad, ni de la fidelidad, ni del cariño, ni del detalle, ni se acuerdan de nada.

¡Qué cantidad de hombres influenciados por la concepción machista del matrimonio que hay en tantos pueblos, e incluso en nuestra sociedad, piensa que el vínculo marital es tener una esposa segura en casa, además de lo que vaya saltando por ahí! ¡Cuántos piensan que tener una mujer es asegurar a alguien que críe a los hijos y que los eduque, para poder ellos disfrutarlos de mayores! ¡Cuántos creen «con sinceridad» que el matrimonio es: «tú la casa, yo el dinero»!

El matrimonio es muchísimo más. El dedo se hace al anillo, tú te haces al matrimonio, tal como ha sido comprendido según una extendida visión humanística, fundada en la libertad, en el amor, en la igualdad y otros valores humanos y cristianos.

El matrimonio como Dios lo pensó y como la más mínima lógica nos exige, implica fidelidad, indisolubilidad, buscar diariamente y como proyecto de vida el agradar al cónyuge y pelear con esmero por su felicidad, mediante la propia presentación y el buen trato, el procurar la igualdad entre los dos, el tener mil detalles que son como una piececita en el gran mosaico de la felicidad. Esto sólo se logra cuando el matrimonio está enraizado en Dios y cuando se ponen los medios más elementales como las renovaciones matrimoniales, la frecuente convivencia, la oración en pareja y más tarde en familia.

Hoy por hoy, amar es una locura, si no se ama con locura.

EL ANILLO ES PARA SIEMPRE

Y es que el matrimonio es para siempre —una adhesión— y eso implica un compromiso, y es un sacrificio y conlleva abnegación. Amar es una exigencia: caminar siempre juntos por la vida y darse con totalidad incluso a costa de la propia vida. El amor, si es tal, pasa por el dolor pero es una fuente de dicha, de alegría y de paz.

Lógicamente esto requiere que hombre y mujer sean educados para el amor. Hoy por hoy, hay educación para todo, menos para el amor, y es la materia que con más urgencia necesitamos. Amar es acoger a la persona amada en su integridad y, por tanto, primero hay que conocerla y entenderla, para después aceptarla. El amor es querer a una persona de tal manera que deseemos su felicidad en esta vida y más aún, en la eterna.

El amor y la felicidad se construyen con Dios, de frente a Él, siendo cada uno de los cónyuges, literalmente, cómplices del Señor en la búsqueda de la felicidad de la otra persona.

No hay mejor educación que la adversidad.
—*Disraeli*

Puede perderse

No sé si has perdido alguna vez la medalla que te regalaron en el día de tu Primera Comunión o el reloj que acompañó toda su vida a tu papá, por estar jugando con ellos. ¡Qué rabia da! ¡Qué coraje, descubrir ya en el aeropuerto que perdiste el boleto del avión por haberlo sacado para apuntar en él un teléfono que ni siquiera era importante, en el momento previo a tu salida al extranjero! ¿Qué haces, cuando has desbaratado tu equipaje de mano sin encontrarlo y ya todos están dentro del avión, menos tu esposa, que te ve más desesperada que tú y empieza a imaginar el vuelo perdido, y por ende la conexión con el otro vuelo, más la primera noche de hotel pagada...? ¡¡¡Por haberlo sacado en el coche para apuntar un teléfono!!!

Cuidado. El anillo es algo muy valioso como para jugar con él. Si te lo quitas y te lo pones, si lo dejas aquí y allá, se puede perder. Si estás vacilando con él, si lo descuidas, si te descuidas, se pierde.

Recuerdo cuando una niña me regaló un anillo. Debíamos tener unos quince años y pasábamos las tardes divirtiéndonos junto con otros amigos y amigas. Un día, mientras caminábamos por la calle, me lo estaba poniendo y quitando, concentrado en lo que me platicaban y jugando mecánicamente con el objeto entre mis dedos.

De pronto, de pura casualidad, se me cayó, dio tres o cuatro golpes en el suelo, y fue a dar a una alcantarilla que había por ahí, profunda, obscura, y con agua en el fondo que medio corría y medio se estancaba. Recuerdo incluso lo que me bromearon mis compañeros trayéndome continuamente a la memoria la serie de graciosos sonidos —graciosos por las circunstancias— que se habían escuchado al golpetear del anillo en el suelo, después en la alcantarilla y finalmente en el agua sucia: ¡«tan, tan, tan, tin, clup»! Otra vez, símbolo y señal de situaciones parecidas en el matrimonio, cuando te lo estás «quitando y poniendo» continuamente. Ahora que estás con tu esposa te comportas como esposo, mientras que cuando trabajas en la oficina parece que no estuvieras casado. O tú, mujer, que estás coqueteando... un día, sospechándolo o no, vas a oír lo mismo que yo: «tan, tan, tan, tin, clup». Y será irremediable.

¿Cómo lo sacas? ¿Cómo se recupera algo que ha caído en un lugar muy profundo? ¿Qué hay más hondo que la infidelidad buscada? ¿Qué hay más oscuro que la indiferencia cínica? ¿Qué más estancado que el egoísmo que no te permite moverte hacia el otro? ¿Qué más sucio que la continua mentira?

¿Qué más impresionante que la irresponsabilidad cuando se trata de la vida y felicidad de toda una familia?

¡Cuánta gente no se recupera de estos problemas! ¡A cuántos les gusta, incluso, dar celos y motivos! ¿Cómo tratas a tus secretarias? ¿Cómo te vistes? Date cuenta de que estás casado(a), y de que un juego tonto lo puede echar todo a perder. Por lo general, las grandes tragedias de la vida comenzaron siendo un juego ridículo e irresponsable.

Si estás jugando con ese anillo, si lo haces con el matrimonio, en el tipo de espectáculos que ves, en tu manera de relacionarte con la gente que te rodea... un día se te va a perder. Y en la gran mayoría de los casos, es irremediable. Hay cosas en la vida que por su importancia no admiten titubeos.

No vale la pena correr riesgos. Porque lo que está en juego, si se pierde, es la mayoría de las veces, irrecuperable. El matrimonio es una de ellas, y con «esas cosas», no se juega.

Es mejor gastarse que enmohecerse.
—Anónimo

Va desgastándose con el tiempo

El anillo se va desgastando con el tiempo. Es lógico. Nada es para siempre. Para eso está el cielo. Tu anillo puede perder su brillo, y de hecho, lo pierde. Pero, aun sin él, ¡cuánto representa! Incluso podría decirse que es más hermoso golpeado, usado, maltratado involuntariamente por los movimientos de una mano que por amor nunca ha querido quitárselo ni para protegerlo. Perdió su brillo metálico pero conserva el del cariño y el de los mil recuerdos que te unen a él. Es el destello de la madurez.

También el matrimonio se va desgastando y puede perder ese brillo inicial, juvenil, de los primeros años: es decir, la ilusión, la pasión, la cantidad de emociones de dos vidas que se hacían una sola y todo era descubrirse y enriquecerse.

Pero —¡Qué interesante!—, va adquiriendo otro matiz muchísimo más hermoso: el de la madurez del amor. No es el amor jovial de cuando eran recién casados, sino el consolidado, sacrificado, servicial. El que es más donación que posesión.

Ahora más bien ya están tranquilos. Ha pasado el período

de las fiestas, de los compromisos, de lo social, de todo lo espectacular. Ya tienen cuatro o cinco hijos que están sacando adelante. Ahora es la madurez en el amor. La necesidad provocada. El querer estar juntos. La calidad y cordialidad de la comunicación. Este brillo vale más que el otro.

Recuerdo el reloj de mi papá. No tenía nada de especial, aún más, estaba muy desgastado por el uso diario durante diecisiete años. Cuando él murió, los tres hijos mayores lo queríamos por el simple hecho de que era de él. Porque lo había usado él, todos los días, durante los últimos diecisiete años de su vida. Lo queríamos porque estaba desgastado. Porque marcaba las horas y hablaba de una vida. Porque había en él algo vivo.

Qué espectáculo tan grande ofrecen al mundo un hombre y una mujer que se han desgastado durante su vida matrimonial, en el servicio, en los detalles, en la entrega diaria y en la atención al cónyuge y a los hijos. Quizá no tengan el brillo inicial, pero sale de sus ojos uno que no se los daba la juventud. El de la experiencia, el de la compañía, el de un conocimiento mutuo cada vez más hondo. El brillo de mil experiencias, felices y dolorosas, pero que se han vivido juntos. El brillo de haber formado y forjado un hogar y haber proyectado unos hijos que ahora han hecho ellos mismos su propio hogar. El de las satisfacciones mil veces más profundas que la ilusión inicial.

El brillo de una fidelidad sometida a la prueba del tiempo —la más dura de todas las pruebas—.

¡Cuántos espectáculos de estos necesita el mundo! No

como los actuales: divorcios, adulterios, fugas continuas del compromiso experimentando algo nuevo, distinto. Esa es la razón de ser de los centros nocturnos... La sociedad necesita del espectáculo ingente de un hombre y una mujer que se aman. Este «show» no lo puede ofrecer una pareja de recién casados o que apenas lleven cinco o diez años caminando juntos. Necesitamos, queremos ver gente que llega al final de su vida de la mano.

El amor es como la luna:
cuando no crece es que mengua.
—Anónimo

Puede necesitar ajustes

Con el paso del tiempo, cambiamos físicamente, aunque no quisiéramos. Crecemos. Puede ser que el anillo necesite que lo ajusten, sea para recortarlo, sea para ensancharlo. Nuevamente, símbolo y señal de que tu matrimonio también necesita ajustes.

Hay señoras que tienden a enflacar —no todas— y algunas otras a engordar. Las primeras corren el riesgo de que se les salga el anillo, a las segundas les aprieta o molesta. También los varones por alguna enfermedad se hinchan o adelgazan, y el anillo molesta o corre peligro de caerse. Incluso por el simple envejecimiento, el anillo como que se les juega un poco en el dedo.

No cabe duda. Los anillos suelen necesitar ajustes. Se mandan a ensanchar o a cortar. Requieren un baño de oro, una limpieza a fondo o una buena pulida, porque ya se han perdido hasta las «letritas».

Quizá alguno necesita que se vuelvan a grabar en él, el nombre y la fecha del matrimonio. Algunos tendrán daños más serios, como una rotura por algún accidente, o un abollón, debido a un golpe. Es un gesto de amor el tener el anillo siempre puesto, y siempre como nuevo, pues los esposos no se harían a la idea de quitárselo así sin más, porque causa alguna molestia o porque ya no se lee la fecha.

Necesitamos estos ajustes y renovaciones. Todo matrimonio necesita ser constantemente pulido, limpiado de las adherencias que se le van pegando con el tiempo. Adherencias como la falta de diálogo con el cónyuge y el exceso de tiempo dedicado a los soliloquios de la televisión.

Manchas como el trato carente de la delicadeza y finura que lo hacían lucir al inicio más brillante. Suciedades, en fin. Cada uno sabe cuáles son. Cada quien sabe si su matrimonio actualmente tiene varias hendiduras por una serie de «golpes» dignos de consideración a lo largo de la vida.

Y ¿cuál va a ser esa reparación, o ese baño de oro que tanto necesita tu matrimonio? Hoy vivimos una circunstancia histórica muy favorable. En cualquier parroquia o grupo de espiritualidad, se imparten renovaciones matrimoniales en donde te ayudan a descubrir, primero, si tu matrimonio necesita una simple limpieza, una pulida más a fondo, o literalmente una reconstrucción.

¡Con qué cara entran las parejas a las jornadas de renovación, y cómo salen! Es un espectáculo digno de verse.

Y no es que necesariamente vengan muy mal. Es que nos acostumbramos a creer que estamos muy bien, como se torna rutinario el ver el abollón o la mancha o la falta de brillo en el anillo. «Es natural». «Ya está viejo».

Renovarse es abrir los ojos a nuevos horizontes. Es descubrir un sin fin de posibilidades nuevas que enriquecen la unión. Es proyectar el amor a una calidad de vida insospechada.

Una manera simple y ordinaria de renovarse diariamente es siendo amable, hacerse amable, volverse continuamente amable. Cuando la pareja no está esforzándose por crecer constantemente en el amor, por ser más amable, incluso más que antes, sin poner excusas, pronto se terminará todo lo interior. Posiblemente lo externo continúa porque no es fácil destruir lo que se ha edificado en toda una vida: hijos, amistades, bienes materiales... pero puede decirse que los corazones ya están divorciados.

A veces se escuchan expresiones como éstas: «Ya no esperes más de mí pues ya estoy viejo»; «mira, yo ya estoy cansada».

Qué triste llegar a la edad avanzada y que no estén contentos porque ambos han dejado de ofrecerse lo mejor de sí mismos. Ser amable, hacerse amable, volverse continuamente amable. Ahí está el secreto para que tu matrimonio siempre esté fresco, como si fuera de hoy, «como cuando éramos novios».

Una buena renovación matrimonial puede ser el mejor corrector de las desviaciones que haya, así como el mejor detector de cánceres que en el futuro brotarían ya como irremediables.

Un amigo solía decir que durante los primeros quince años de casados, organizaba renovaciones matrimoniales.

EL ANILLO ES PARA SIEMPRE

En cambio, después de quince años, ya eran más bien resignaciones matrimoniales. Tú, no te resignes. Renuévate. No pierdas tiempo. No renovarse es el camino más rápido a la mediocridad en el amor conyugal. Y este virus de la mediocridad, muchos, lo tienen ya como inyectado.

Nos hiciste para ti, Señor,
e inquieto está nuestro corazón,
hasta que descanse en ti.
—San Agustín

Lo entregase en presencia de Dios

El matrimonio es algo sagrado. No es un juego. En mi vida como sacerdote, guardo una experiencia en lo más hondo del corazón. Si no mal recuerdo, fue el día 3 de enero de 1991, estando yo como estudiante en Roma. Asistí a una celebración eucarística en la que el Santo Padre ordenó a sesenta sacerdotes, entre ellos, algunos de mis compañeros. Durante la homilía, dijo a los nuevos sacerdotes: «sabed que Dios cuida de vosotros».

Sentí como si me lo hubiese dicho a mí que también me estaba preparando para el sacerdocio. Además, cuatro años más tarde, cuando a mí me llegó la hora, lo recordé en el momento de mi ordenación y esas poquitas palabras me llenaron el alma y me dieron una seguridad que no me daban todos los años de estudio, de preparación, de trabajo apostólico. Qué mayor seguridad podría yo tener. «Dios cuida de mí». ¡¡¡Dios mismo!!!

Ahora yo se los digo a todos aquellos que han contraído matrimonio en la presencia de Dios. Ahí, ante él, le entregaste el anillo a quien te va a acompañar toda tu vida.

EL ANILLO ES PARA SIEMPRE

Entrar en la Iglesia no es acudir a un lugar sino buscar a una Persona. No se trata de alquilar la casa de Dios por media hora, ni de cumplir un requisito familiar o social. Van a la Iglesia a escucharlo y a aprender de él, que es el amor, cómo se construye un matrimonio, edificando sobre el amor. «Si el Señor no construye la casa, en vano se cansan los albañiles». (Salmo 126)

No sé si soportarán las dificultades. Si va a haber grandes sufrimientos. Si será una familia como siempre la pensaron o no. Si tendrán los recursos necesarios para educar como quisieran a sus hijos. Si se podrá viajar con todo el romanticismo con el que pensaron y lo platicaron tantas veces, tomados de la mano caminando por la calle. Pero hay algo de lo que sí estoy seguro, y es enorme: «DIOS CUIDA DE VOSOTROS», porque delante de él, en su presencia, se han comprometido.

¡Qué importante es la parte espiritual en el matrimonio! Un hombre, una mujer que viven cerca de Dios, con Dios en el centro de su vida, que se acercan frecuentemente a los sacramentos, son una garantía de fidelidad y de felicidad. Cuando rezan juntos, Dios como que no tiene nada que hacer, y los escucha, los convierte en el centro de su atención. Los protege. Cuida de ellos.

Qué tristeza, pero sobre todo, qué angustia dan esos matrimonios, incluso esos noviazgos, para los cuales Dios no cuenta. A veces pasa que el hombre ya no quiere asistir a Misa, y por tanto manda a la señora con los niños.

Si descuidamos la parte espiritual, qué confianza le podemos tener al cónyuge en los momentos de peligro, en los problemas, en las dificultades, que además son lo más normal en un matrimonio.

Hoy por hoy, hombres y mujeres están muy expuestos a la infidelidad en todos los sentidos. Piensa qué gran seguridad y estabilidad puede tener una pareja en la que ambos comulgan cada domingo, se confiesan cuando lo necesitan, tienen quizá un crucifijo en su cuarto, en su coche —además del que llevan en el propio nicho del corazón— o de vez en cuando se les sorprende con el Rosario en la mano.

Sinceramente, para una mujer, es una garantía muy grande esta amistad de su marido con Dios, que él puede salir a donde quiera: de negocios o a tomar una copa con unos amigos, que al fin y al cabo, Dios está con él, iluminando su conciencia, guiándolo en sus momentos difíciles, dándole fortaleza y acompañándolo.

Dígase lo mismo de la mujer que tantas veces se queda sola en casa o sale de viaje a ver a la familia que vive lejos.

No quiero decir con esto que quien no va a misa, va a ser infiel y el matrimonio va a ser un fracaso irremediable.

No. Pero qué pensar de una persona que va a misa cuando puede y cuando quiere. Que lleva seis meses sin comulgar y sin confesarse porque no le interesa tener bien clara y limpia su conciencia. Que no le importa nada sobre su fe, sus requisitos y consecuencias. Pregúntate cuando veas a una persona así: ¿Cuánto hace que está de viaje? ¿Cuánto hace que está solo? ¿Por qué llega tarde a casa con tanta frecuencia? ¿Por qué no le interesa estar con la esposa o con los hijos todo el tiempo que es debido?

EL ANILLO ES PARA SIEMPRE

El anillo lo entregaste en presencia de Dios. El Señor te bendijo y te quiere seguir favoreciendo, pero sólo podrá ser así si te mantienes en su presencia.

Decir «te quiero», es decir: quiero hacerte feliz.
—P. Ángel Espinosa

Fue fundido

Como todos los buenos metales —fuertes, duros, resistentes— ha sido fundido, como «probado» en el crisol. Igualmente, todo matrimonio debe estar avalado por un buen y auténtico noviazgo. Hoy a cualquier relación superficial sin grandes metas y objetivos que avalen toda una vida de amor y entrega, se le llama noviazgo. Pienso más bien en una relación seria y honesta.

¡Qué importante es en este sentido recibir un buen curso prematrimonial! Lejos de ser una pérdida de tiempo, es la mejor inversión que pueden hacer los novios, si van buscando aprender qué es el matrimonio, cuáles son los posibles peligros que lo asechan, los obstáculos para una vida feliz en pareja y sobre todo, los medios para perseverar en el amor. Además ahí se aprende a conocer mejor al futuro cónyuge, mediante cuestionarios y dinámicas muy interesantes. Es como un curso de capacitación para desempeñar el trabajo en una empresa, sólo que con una importancia abismal.

Un grave error como profesionista te puede llevar a perder el empleo, mientras que una equivocación considerable en el matrimonio puede desembocar en el fracaso conyugal y quizá en la pérdida de toda la familia.

Todo lo que hemos dicho a lo largo de los diversos capítulos, si no ha habido una buena, seria y madura relación de novios, no vale para nada. «Te acepto a ti»... Pero si ni siquiera lo conociste bien, el «te acepto a ti», ¿de qué te sirve?

Preocupan esos noviazgos, en donde la pareja no se conoce realmente. Sólo se divierten. No ponen los medios para asegurar que haya una perseverancia en el caso de que se concrete el matrimonio. La pasan bien.

Un auténtico noviazgo exige un conocimiento por parte de ambos, muy profundo, no superficial.

Dicen que una muchacha invitó a su novio a la casa, y llegando a la sala le dijo a su papá:

—«Te presento a mi novio».

El papá fijó su mirada en el novio, medio mal vestido y mal peinado y quizá sin las formas externas básicas de educación, y pensó por dentro: «efectivamente, no–vio».

Es decir, no vio ni con quién se está metiendo la niña. En las últimas décadas, muchos de los fracasos en el amor se deben a que los novios no se conocieron bien. Hay gente que incluso sufre desajustes psicológicos o tiene grandes carencias en su formación humana: falta de sinceridad, de coherencia, de autenticidad... pero está guapísima, o es bien parecido, (¿parecido a quién?). Hay niños y niñas sin principios claros y firmes, ¡pero bailan muy bien!

Mientras dura el noviazgo, todo se puede detectar y tiene arreglo, si hay madurez. Hay un momento en que esto ya es irremediable y es precisamente cuando se formaliza el matrimonio. Ya te casaste. Por más que quieras minimizar el problema, una ruptura en este momento significa dejar a los niños sin padre o sin madre. Implica caminar nuevamente solo o sola por la vida pero ya a una cierta edad, buscando cómo llenar el vacío que ha dejado la persona con la que te habías comprometido. Un hueco que consciente o distraídamente provocaste.

¿Por qué muchos noviazgos son así? Porque se la pasan genial y le dan mucha importancia a lo superficial: si baila, si es muy guapo, si tiene dinero, si es de sociedad, si tiene un «cuerpazo»... después nos deja desilusionados.

Y en esos casos en los que se ha llegado ya a tener relaciones prematrimoniales, todo se complica aún más. La pasión sexual ciega y hace ver más cualidades en la persona con la que se está saliendo de las que en realidad tiene. Se le hermosea. Se le enaltece.

Pero la realidad es que se piensa tanto en el placer sensual del que se está disfrutando cada vez que hay un encuentro, que se olvida investigar si el novio o la novia tienen buen carácter, si es emocionalmente equilibrado, si tiene capacidad de sufrir adversidades, si es simplemente buena gente, noble de corazón, coherente a la hora de cumplir los compromisos.

Cuando ya se han enredado totalmente, emotiva, sentimental y pasionalmente, a veces ya no son capaces de dar marcha atrás en la relación amorosa, y se van «condenando» poco a poco a un pseudo matrimonio, tantas veces incluso por motivos de embarazo o de mero compromiso sentimental.

Conocí a una chica que me decía:

— «Mi novio no tiene estudios, pero va a trabajar. No tiene gran formación, pero es divino. No viene de una familia honesta y trabajadora, pero platica muchísimo. A veces se emborracha... pero yo lo voy a cambiar, estoy segura de que lo voy a cambiar».

Mientras la escuchaba, atónito, pensaba:

— «Yo también estoy seguro de que lo vas a cambiar, ¡pero lo vas a cambiar por otro»!

Hay cosas que no cambian fácilmente. Hay hábitos, vicios, tan profundos, que difícilmente se erradican. El éxito en el matrimonio la mayoría de las veces depende de un buen noviazgo: serio, maduro, limpio, en donde la compañía, la convivencia con los familiares y el diálogo sincero que les permita conocerse en profundidad, juegan el papel primordial.

La medida del amor, es amar sin medida.
—*San Agustín*

No tiene precio

Es la última característica del anillo, y tiene mucho que decirnos: te lo dieron sin precio. Efectivamente, hasta este detalle es un símbolo y una señal. Hay muchas cosas en esta vida que sí tienen precio: determinados viajes, lugares residenciales, coches, objetos preciosos, diversiones, deportes, la joyería, restaurantes...

El anillo no lo tiene, y esto es símbolo y señal en dos aspectos fundamentales:

Primero. Si tuviera precio, y éste fuera elevado, no todos tendrían acceso a esta posibilidad.

El anillo, como el matrimonio, no tiene costo porque todos tienen la posibilidad de amar y ser amados y de formar una familia. Amar es gratuito. No cuesta. Es una enorme paradoja.

Quien ha experimentado en su vida el amor con intensidad, sabe que se encuentra frente a la experiencia más rica que somos capaces de hacer: amar. Debería ser carísimo el amor. Es la esencia misma de la vida y su sentido. Tan indispensable como el aire que respiramos para vivir y que también es gratuito.

No tiene precio, porque todos tienen acceso a él. Nadie está excluido.

Segundo. Si tuviera precio, sería porque tendría un límite: «Cuesta tanto, y basta».

El matrimonio no tiene precio porque el amor no tiene límites. No se acaba. Por este motivo no hay con qué comprarlo. ¿Cómo se le podría poner un precio al amor?

No tiene precio el despertar cada mañana y ver a tu lado al hombre, a la mujer que te ama. No tiene precio el ser despertado cada mañana por los hijos, fruto de un amor generoso y lleno de vida. No puede evaluarse su compañía y el calor que produce su presencia. No puede tasarse el gozo y la paz, fruto del entendimiento mutuo.

El anillo no tiene precio. Un hombre y una mujer que se aman, que se complementan, que han llegado a ser una sola cosa, no puede siquiera cotizarse. Adán en el paraíso tenía todo, y sin embargo se sentía solo.

Fue la aparición en escena de Eva, lo que lo hizo exclamar: ¡ésta sí! Es incomparable. Quizá inapreciable en el sentido literal de la palabra.

Pero de esto sólo puede opinar un hombre o una mujer que ha experimentado lo que significa llegar a su casa y ser recibido por alguien. Esto sólo lo comprende quien todos los días se levanta con la ilusión de llenar el corazón de la persona amada y de sacar adelante unos hijos. De esto sólo se entera quien ama con todas sus fuerzas.

Es impresionante ver dos personas que se miran con unos ojos cansados y acarician piel tan rugosa como tierna. Unos viejos que se toman de la mano, dos vidas que caminan juntas, labios que no dejan de agradecer, corazones que nunca se cansaron de amar.

Es admirable encontrar una pareja que comprendió que la fidelidad y la perseverancia eran el requisito indispensable del amor. Un matrimonio que entrega como herencia, como legado a sus hijos el testimonio de dos vidas en una sola senda, con un solo proyecto, bajo un mismo techo sobre las mismas ilusiones, siendo una sola carne... Esto, sencillamente, no tiene precio.

> *Muchas personas se pierden*
> *las pequeñas alegrías,*
> *mientras buscan la gran felicidad.*
> —Pearl S. Buck

Conclusión

Han concluido estas reflexiones. Es hora de ver tu anillo. Lo tienes puesto. Tócalo y comprueba cómo brilla, es duro, se va desgastando, está hecho a tu medida, es real, de metal precioso, resistente, con fecha y detallado... discreto.

Y capta cómo todo esto se refleja en tu vida matrimonial. Que estas líneas te ayuden a descubrir lo maravilloso que es estar enamorado.

Ahora bien, para llegar a adquirir un amor así, hay que perderse, hay que soportar muchas situaciones, hay que sufrir, hay que llorar.

Quisiera concluir con soneto del poeta argentino Francisco Luis Bernardez (1900 – 1978) que resume todo lo que hemos dicho:

> Si para recobrar lo recobrado,
> debí perder primero lo perdido.
> Si para conseguir lo conseguido,

tuve que soportar lo soportado.
Si para estar ahora enamorado,
fue menester haber estado herido.
Tengo por bien sufrido lo sufrido,
tengo por bien llorado lo llorado.

Porque después de todo he comprobado,
que no se goza bien de lo gozado,
sino después de haber padecido.

Porque después de todo he comprendido,
que lo que el árbol tiene de florido,
viene de lo que tiene sepultado.

> *Haz todo el bien que puedas,*
> *por todos los medios que puedas,*
> *de todas las maneras que puedas,*
> *en todos los lugares que puedas,*
> *en cualquier tiempo que puedas,*
> *a toda la gente que puedas,*
> *y tanto como puedas.*
> —John Wesley

Epílogo

Dije que el que escribe es un enamorado. Así es. El sacerdote es un auténtico enamorado. Es verdad que cuando es ordenado sacerdote, no recibe un anillo, sino un crucifijo, pero también allí debe encontrar también simbolizados toda una serie de compromisos que en definitiva, le exigen crecer continuamente en el amor a Dios y al prójimo. No me da miedo exigir, porque también yo estoy enamorado. Yo también he tenido que renunciar, que ceder, que comprender. He prescindido, por la elección que hice, de muchas cosas que tal vez me gustaría tener, pero que mi condición de consagrado me lo impide. No hay vocaciones más fáciles, ni más difíciles. Lo que hay es amor y egoísmo. Y esto nos lo vamos a encontrar donde quiera que sea.

El ser humano, en cualquiera que sea su estado de vida, está llamado por vocación al amor y a vencer el egoísmo que subyace en lo más profundo de su ser.